習近平独裁は欧米白人《カバール》を本気で打ち倒す

副島隆彦

Soejima Takahiko

ビジネス社

習近平独裁は
欧米白人《カバール》を
本気で打ち倒す

まえがき

どうやら中国は、本気で欧米白人の支配者たち（カバール）と戦うと決意したようだ。戦いになれば、自分も大きな打撃を受ける。それでも戦う、と。

この中国人の大きな決意を、私たち日本人はまだ甘く考えている。「いや、そんなこと（戦争）にはならない」と。さて、それで、これからの世界が無事で済むか、だ。私たちは、甘い考えを捨てるべきなのである。

中国は、習近平の独裁体制を確立した。

２０２２年10月23日、第20回中国共産党大会の翌日に、新しい指導部７人、即《すなわ》ち「チャイナセブン」が決まったときだ。何とすべて全員、習近平の子分であった。習近平は「いつでも戦争ができる体制」を構築した。それは、Ｐ５の迷彩服（軍服）姿の習近平とその記事によって明らかである。

習近平が、今すぐアメリカと核戦争を含めた第3次世界大戦を始めることはしない。だが、中国はアメリカを含む西欧との厳しい戦いを覚悟している。中国はウクライナ戦争の始まり（2月24日）から、ロシアのプーチン政権が欧米支配層（ディープステートとカバール）によって、大きく罠《わな》に嵌《は》められ苦戦している事実（すぐに1年になる）を厳しく凝視《ぎょうし》してきた。だから中国は甘い考えを捨てている。

中国は、もう決断したのである。欧米諸国（カバール）との戦争も辞さず、と。その前に、世界金融や貿易などの経済取引の分野でも規制がかかって混乱が起きて、自国に大きな打撃が行くことも中国はすでに覚悟した。


さあ、日本はどういう態度をとるのか。

中国は、私たち日本に対して「日本はどっちの側につくのか。はっきりさせろ」という決断を迫っているのである。ところが日本人は、「そんなことは知りませーん」という態度でヘラヘラと逃げ回っている。まるで「我関せず」、傍観者の構えである。これは決定的にまずい。私はこの本で、厳しい問い詰めを日本人に対して行う。

習近平政権は、いつでも戦争ができる、戦争準備体制を築いた

「迷彩服の習主席「戦争の準備強化せよ」と強調」

（テレビ朝日　2022年11月9日）

3期目入りを決めた中国の習近平国家主席が、軍の指揮センターを訪れ、幹部らを前に「戦争に勝利する能力を向上させなければならない」と強調した。迷彩服を着た習主席と軍の幹部らを隊員らが拍手で出迎えた。

中国中央テレビなどによると、習主席は11月8日午後、共産党中央軍事委員会の作戦指揮センターを訪れた。

視察の理由について「戦争の準備を強化する決意と態度を表明するためだ」と説明したうえで、「すべてのエネルギーを戦争に合わせ勝利するための能力を向上させなければならない」と強調した。

死んだ（殺された）安倍晋三が盛んに言っていた「台湾有事《ゆうじ》は日本の有事」という考えのままで日本がいて、中国の強さを舐《な》めきって台湾にまで日本軍（自衛隊）を出す、というような甘えた態度をいつまでもとっていると、ヒドいことになるぞ、と中国は警告してきている。

「アメリカ様《さま》の言うとおりにしていれば日本は大丈夫」などと、いつまで言っていられるか、だ。後《うし》ろのP115の記事に載せるとおり、中国は「日本は台湾問題に干渉するな」という激しい警告を発している。

日本政府（岸田政権）が安倍晋三の亡霊に引きずられていると、おそらく日本は今後激しく追い詰められる。

あと1つ、私ははっきり未来予測をする。習近平の独裁体制が確立したので、これからの習近平3期目の5年間のあいだに、うまくゆけば欧米白人カバール勢力との一触即発の戦争危機を乗り越える目算である。そして、中国が優勢となって世界覇権《ワールド・ヘジェモニー》を握る段階に入るだろう。

そのとき、李克強《りこっきょう》たち〝冷や飯食い〟の共青団《きょうせいだん》の勢力は、中国共産党から集団で脱退して、中国民主党を作る。そして、共産党と政権獲《と》りを競い合う。この時、中国に、①複数政党制（マルチ・パーティー・システム）ができる。そして②普通選挙（ユニヴァーサル・サフレッジ）を行う。この2つでデモクラシー（民主政体《せいたい》）である。私は、これまでにもこのように書いてきた。

だから、今度の党大会の政変ドラマでも、李克強たち共青団《きょうせいだん》は何ら動揺することなく平然とひな壇に座っていた。習近平独裁体制からほぼ排除されて、370人の中央委員およびその候補に、胡春華《こしゅんか》がようやく1人入っているだけに追い詰められた。だが共青団系は、何ら恥じることなく淡々としている。しばらくは冷や飯食いが続くだろうが、それでも構わない。

ここで大事なのは、欧米白人支配層（カバール）との激しい血みどろの戦争を習近平にやらせる、だ。そこで、500万人、1000万人が死んでも構わない。そのあと、共青団の民主党が政権を獲る時代が来るだろう。

私、副島隆彦はそこまで考えて、先へ先へと近未来の予言をしてきた。だから、習近平の今度の体制は明らかに独裁であるが、これからの5年間の2027年までの予定である。

このことがはっきりした。

後ろに載せるＰ62の日経新聞の中沢克二記者の、「党の長老たち老人パワーが、習近平への個人崇拝と習近平思想を否定した」が重要である。個人崇拝を英語で、character cult「キャラクター・カルト」と言う。

習近平を毛沢東の再来としなかった。それが中国共産党の規約（パーティー・レギュレイション。中国では憲法よりも重要）となったのである。

これらのことを、この本ではっきりさせる。

なぜ欧米白人を頂点から支配する者たちを、カバールと称するかは、この本のあとのほうで説明する。

副島隆彦

◎習近平独裁は欧米白人《カバール》を本気で打ち倒す◎

もくじ

第1章 中国衰退論と日本核武装論から見る世界政治の現実

第2章

習近平は本気で欧米白人支配を打ち破る

第3章

台湾で戦争を起こしたいのはネオコン、ディープステート、そしてカバールだ

第4章

中国が盟主となる新しい世界の枠組み

第5章 着々と野望を実現する中国の強靭な経済

第1章

中国衰退論と日本核武装論から見る世界政治の現実

〝知の巨人〟エマニュエル・トッドの「中国崩壊論」の大きな過ち

この本は、私の中国研究本ではあるがグダグダ書いてられない。頭からはっきり書く。日本は核武装（核保有）をすべきなのかという問題である。

私の明確な答えは日本は核武装をすべきではない、核兵器など持ってはいけない、だ。そんな危ないものを持つこと自体が危険なのだ。そこに向かって、ロシアや中国共産党から核兵器が飛んでくる。だから日本は、欧米白人（カバール）に騙されないために核兵器を持ってはならない。

ところが、それに対して安倍晋三たちはひそかに秘密でアメリカにバレないよう、核兵器を作り始めていた。だから安倍晋三は、アメリカによって処分されたのである。これは韓国の朴正熙《パクチョンヒ》元大統領と一緒だ。朴正熙は自分の花道を飾るために核兵器を持とうとした。これが理由でアメリカが朴正熙を処分した。

このことについては、私の他の本で書いた。それに対して「副島氏の根拠を示さない驚くべき発言に驚く」というような反応が多くある。

トッド「人口動態を見れば、中国が支配的な覇権国家になることはほとんど不可能」

“知の巨人”トッド氏の「日本は核武装を」の提案に、木村氏「絶対にない」　（フジテレビ 2022年11月6日）

フランスの歴史人口学者、エマニュエル・トッド氏が11月6日、フジテレビ系「日曜報道 THE PRIME」に出演し、ジャーナリストの木村太郎氏と番組コメンテーターの橋下徹氏（弁護士、元大阪府知事）と激論を交わした。トッド氏は、「人口動態を見れば、中国が支配的な覇権国家になることはほとんど不可能」と持論を展開し、「日本の唯一の安全保障は核を持つことだ」と強調した。これに木村氏は強く反発。日本の核保有については「絶対にない」と反論した。橋下氏もトッド氏の「中国脅威否定論」に懐疑的な見方を示した。

フランスの知識人のエマニュエル・トッドが11月6日に日本に来て、フジテレビ（FNN）の番組に出た。そこでトッドが後《うし》ろのP39の記事にあるとおり、「日本は核を持つべきだ」「核を持ったほうが安全だ」と述べた。

それに対し共同出演した橋下徹と木村太郎が、トッドの「日本は核兵器を持つべきだ」に反論した。奇妙なことに、反共《はんきょう》保守である橋下徹と木村太郎は、安倍晋三たち統一教会の反共右翼の「核を持つべき」とは、意見が合わないということである。橋下徹は、日本維新の会の顧問の地位から追放処分されている。

木村太郎は、２０１６年の米大統領選では、あんなに明確にトランプ支持を主張していたのに、やっぱり本性《ほんしょう》であるグローバリスト（ディープステイト）側の人間であることが露骨に出てしまって、今回は、「ロシアのプーチン政権は6月には消えてなくなっている（私はこのようにアメリカから情報をもらっている）」などと発言をしてきた。

この日本側の体制保守のスポークスマン2人が、「日本の核保有はあり得ない」という態度に出た。あとでフジテレビの番組へのエマニュエル・トッドでの発言をまとめた記事を読んでもらうが、その前に、私、副島隆彦の言論と判断を載せる。これは、トッドの出演番組の翌日に、私がメールで書いた文章である。

副島隆彦　記　　11月7日

以下の、フランス知識人のエマニュエル・トッドの主張に、私は2つだけ反対する。トッドは、「中国は世界覇権国になれない（自分の専門である人口統計学 demo-graphy《デモグラフィ》の研究成果から）」とする。私はこれに反対する。中国は世界覇権国（ヘジェモニック・ステイト）になる。

もう1つの点は、トッドが「日本は核兵器を持つべきだ（これはフランスの反米《はんべい》保守であるドゴール主義《ゴーリズム》の思想である）」に対して私は、日本は核を持つべきでない、とする。この点で、奇妙なことだが、橋下、木村の日本を代表する反共保守と、私は同じ立場に立つ。現実的な考えをする日本人だからこうなるのだろう。

日本が核を持てばアメリカが喜ぶ、という大きな勘違い

実は、安倍晋三がアメリカの最高権力者たちに処分されたのは、安倍たちが極秘で、核保有計画を実行し始めたからだ。これは、アメリカ政府の決断として、もはや安倍をこれ

以上放置できない。アメリカの国家存立のプライマリー・アジェンダ（第1命題）に違反する。この場合、自動的にプロトコールに従って「それを排除せよ」という決断に、アメリカは向かうからである。

それに対して、国家に対する危険が減少するセカンダリー・アジェンダ（2次的な命題）の場合は、外交協議で処理する。

このようにアメリカの国家体制は出来ている。もっと分かりやすく言えば、日本が核兵器を持つということは、北朝鮮が核を持っている事態と全く同じなのだ。日本が持つ核兵器は、アメリカにだって飛んでいくのである。

このことを日本の反共右翼の者たちは理解できない。彼らは「日米同盟がすべてに優先する」と信じ込んでいる。日本とアメリカは対等な同盟国《アライ》なのだから、日本が核兵器を持つことをアメリカは喜ぶはずだ、ぐらいに低脳《ていのう》の甘い考えをしている。

この者たちは、ハッキリ言ってバカ者なのだ。日米同盟を英語で The US-Japan Alliance「ザ・ユーエス・ジャパン・アライアンス」という。このことを勝手に間違って信じ込んで、日本はアメリカと対等だと、長年かけて信じ込んでしまった。

アメリカは、そのように思っていない。日本はアメリカの属国《ぞっこく》（従属国《じゅうぞくこく》）だと思ってい

中国は先制攻撃はしない。ただし相手が撃って来たら必ず撃ち返す。その準備を周到に積んでいる

上は最新の大陸間弾道ミサイル(ICBM)であるDF《ディーエフ》(東風《ドンフェン》)41。飛距離は15,000kmに達し、米本土さらにヨーロッパにまで届く。下は極《ごく》超音速(ハイパーソニック)滑空ミサイルのDF17。最高速度マッハ10に達し「空母《エアクラフト》キラー」という異名を持つ。

る。ここで大きな勘違いが生まれる。だから、安倍たち統一教会系が暴走を起こして、「日本の国防のためには、どうしても核が必要なのだ」ということで秘密裏に実行に移した。アメリカはそれを許さなかった。そういうことだ。

ここで私に向かって、「その証拠を出せ、副島」と言う人に対しては、そのうちに出す。待ってなさい。ただし、私に向かって「根拠も示さず、妄言《もうげん》を唱える副島」といつまでも言えると思うな。お前たちの頭（知能）の動揺を、私は厳しく見つめている。

ほんのこのあいだまで「中国は崩壊する」「中国共産党の独裁体制は、中国民衆の暴動によって打倒される」と、ずっと唱えてきた、そのお前たち自身の旗色の悪さを、どこまで自覚しているのか。

1970年代にリベラル派で反《はん》自民党の雰囲気を持っていた者たちまでが、2000年代からの反共右翼の〝ネトウヨ〟（ネット右翼）ブームに乗っかって、安倍晋三側についていった。こうした愚か者たちを、再び反欧米白人の思想へと取り戻していくために、私のこの本がある。

日米〝対等〟同盟などという虚妄を信じ込んだお前たちの間違いを、正しく訂正する唯一の大理論は、**「帝国ー属国 理論」**である。日本はアメリカの属国（トリビュータリー・ステイト。朝貢国《ちょうこうこく》。家来の国）として、敗戦後77年間、諾々《だくだく》と生きてきた。この帝国ー属国理論を認めることでしか、日本人は大きく世界を理解することはできない。この理論は、私のオハコ（十八番）である。

目下世界で起きていることは、ロシア帝国と、アメリカ・EU連合軍（NATO）との戦いである。それに中国帝国が、どちらにつくかという問題で世界政治ゲームは続いている。この視点を抜きにしては、国際政治は成り立たない。

何を勘違いしたか、日本の中小企業の経営者程度の者たちのあいだでは、5月ごろ「今こそ安倍首相はプーチンを説得しに行くべきだ。なぜなら2人は親友なのだから」などという、愚か極まりない言論が平気でまかり通っていた。

それを口にした本人たちも、何か気まずいと気づいたのだろう。日本は、アメリカ帝国どころか、ロシア帝国や中国帝国とも、対等に話ができる関係ではないのである。日本は格下《かくした》なのだ。

私がこれを言うとみんな不愉快だろうが、大きな事実であるから逃げようも、隠しようもない。どうしても嫌がって納得したがらない者は、私の本に近づいてこない。

そのようにして安倍処分は断行された。それは後のほうに出てくるキッシンジャーの動きによって説明、証明されている。


ここまでの２つの点以外は、トッドが以下で話していることと私の未来予測（予言）は同じである。私はトッドに同感である。

戦争の責任をアメリカとイギリスに求めるトッドの意見は正しい

ウクライナでの戦争は、アメリカとイギリスに原因と責任があると、エマニュエル・トッドは言った。これは彼の大評判をとった２０２２年６月刊の『第三次世界大戦はもう始まっている』（文春新書）で主張された重要な点である。

トッドによる「悪いのはロシアではなく英と米だ」という主張に対し、読者たちの驚きのアマゾン書評（レビュー）が５００個以上載った。このレビュアーの人々は、穏やかであるが、これまで大きくは安倍晋三の反共右翼の思想に引きずられてきた人々で、「悪い

2022年10月27日。習近平は最高幹部6人「新チャイナセブン」を引き連れて“革命の聖地”陝西《せんせい》省の延安《えんあん》を訪れた

習近平が中国民衆に最初に伝えたことは、毛沢東と“八大中共元老”のひとりである自分の父、習仲勲(毛より20歳下)が、偉大な革命家だったことである。1935年10月、大長《だいちょう》征《せい》(本当は大逃避行《だいとうひこう》)のあと延安に命からがら到着した毛沢東たちを待っていたのは、習近平の父、習仲勲と高崗《こうこう》だった。

のはロシアと中国の共産主義だ」という思想をずっと信じてきた人だ。

この、まともな温厚で穏健《おんけん》な保守思想の読者層のその一部が、トッドの主張によって崩れた。今や彼らの合言葉となっている「テレビ、新聞は毎日のようにロシアが悪い、プーチンが悪いと言っている。どうもおかしい。もっと他の考えがあるはずだ」というところで大きく意見が一致している。そして、このまともに疑う人間たちの一部が私、副島隆彦の本の読者としても流れ着いてきている。私としてはありがたい話である。


私は、このトッドの本の2週間後に『プーチンを罠に嵌め、策略に陥れた英米ディープステイトはウクライナ戦争を第3次世界大戦にする』（秀和システム刊、2022年6月）を出した。私の主張はとても理解されないだろう、と思っていた。なぜなら「このあと第3次世界大戦になる」とまで言っても、誰も信じてくれないだろうと思ったからだ。

ところが、トッドの『第三次世界大戦はもう始まっている』が先に出たので私は救われた。トッドの本は、おフランスの一流の歴史学者（自分は大してフランス国内では評価されていないと自嘲《じちょう》している）が、このように書いたので、私の主張はその陰に隠れてしまい二番煎じのように扱われた。ああ、よかった。

アメリカに食い荒らされていくヨーロッパ

さらに、トッドの鋭いところは、欧米知識人でなかなかこうははっきりと言えないのだが「アメリカが、ヨーロッパを食い物にするために、ロシアをウクライナに引きずり込んで戦争をさせた」という理論である。

これも日本国内では「まさかそんな」となる。「アメリカが自分の同盟国《アライ》であるヨーロッパ諸国を騙すために、ウクライナ戦争を仕掛けた」などという優れた考えに同調できる者は、今も少ない。頭が悪いのである。

一方、金融経済面からも冷酷に物事《ものごと》を考える人々は、たとえば、天然ガスのパイプラインに関して言えば、ノルドストリーム1および2（バルト海の海底に敷設《ふせつ》してある）を爆破したのは（9月26日）、イギリスの特殊部隊であると分かっている。

なぜなら今やアメリカは、ロシアからのパイプラインの天然ガスの3倍の値段がする、アメリカ産のシェールガスを、LNG《液化天然ガス》のタンカーで盛んにヨーロッパ諸国の港に運び込んで買わせているのだ。アメリカにとっては、自国の天然資源が高額で売れて国内の資源業者が喜ぶのだから、こんなにいいことはない。

それを仕方なく買わされるヨーロッパ諸国は、ドイツ、フランスをはじめとして間抜けである。ＮＡＴＯ（北太平洋条約機構。ヨーロッパの軍事同盟）は30カ国である。ＥＵは27カ国である。このうち、ユーロ通貨圏は19カ国である。

イギリスは、ＢＲＥＸＩＴ《ブレグジット》でＥＵから出ていった。イギリスは、ヨーロッパの貧乏な小国たちの面倒を見るための先々の出費を嫌がって、早々と逃げた。イギリスは、ワルい国である。

ＥＵは、人口が８００万人しかいないようなチビコロ国家が多い。これらが、立派なヨーロッパ白人国です、という顔をして並んでいる。主要な大国と言えば、勝手に出ていったイギリスとフランス、ドイツだけである。

イタリアとスペインは大国ではなく、観光すらやせ衰えて貧乏国に転落しつつある。立派な中世からのヨーロッパの近代都市文明が、そのまま文化財になった、日本で言えば京都や奈良のような国である。こんな貧乏国たちを、いちいち相手にしていられない。

中国は、たとえば人口１０００万のチェコや５００万程度のスロバキアに「出力《しゅつりょく》１００

万kwの原発を、2つずつ作ってあげるから、一帯一路《いったいいちろ》の鉄道網を通しなさい（通してください）」と言われて動揺している。それで、国民全てを賄《まかな》えるだけの安い電力が手に入る国なのである。それが中国様に偉そうにのたまわっている。今や貧乏国のくせに。

日本の埼玉県や千葉県ぐらいの人口しかないくせに、何を威張っているのか。イギリスにしたって、真実は「人口6800万の貧乏国」と呼ばれているのである。何が大英帝国だ。このバカみたいな真実について、日本人は騙されている。中国はさらに一桁違って、人口7000万から1億の省が、23個もある巨大な国なんだぞ（他に北京、上海、天津、重慶の4市と新疆ウイグルなど5つの自治区、香港とマカオの2つの特別行政区）。

だからトッドが分かっているとおり、アメリカはヨーロッパをまんまと騙して、自国の経済と貿易を生き延びさせるために、ヨーロッパを食い物にしてでもウクライナでの戦争を続けさせるのである。そろそろ、ドイツとフランスが怒り出してもよさそうなものだが。ここには、互いに1000年に及び戦争（殺し合い）をしてきた長い歴史がある。

アメリカが、ヨーロッパを食い物にしているのは、企業経営者たちからはよく見えている。なぜなら経営者（企業家）は、自分の同業者や、客を取り合っている同じ地区の競争相手の企業が潰《つぶ》れてくれるのが、死ぬほど嬉しいからだ。

競業他社が潰れてくれるのが、暴力団や企業家にとって真の利益だ。同業者を騙してこそ企業は生き残る。消費者であるお客様は、あんまり騙してはいけない。この原理が分からなければ大人ではない。

世界の火薬庫はヨーロッパとアジアしかない

次に、「アメリカは、台湾での戦争を煽って中国を脅し上げようとする」というトッドの考えにも同感である。しかし、中国はもはや台湾問題ごときで、アメリカの下手《したて》に出たり遠慮したりすることはない。中国は「台湾は中国の領土である。これは国際社会が認めている大きな事実である」と言い続けている。

そして日本に対しても、台湾有事問題を煽ることで、日本を脅して、日本を中国から引きはがす作戦に出ている、とトッドも考えている。遠くのフランスから見ているだけだから、トッドに大した知識があるわけではない。しかし、このようにヨーロッパと東アジアの両方を、同じものとして見るのは、優れた知識人の態度である。

私は昔から書いてきたが、〝世界の火薬庫（アーセナル）〟は、ヨーロッパとアジアしか

人民解放軍の組織図。2016年2月に、習近平が軍の大改革を実行した

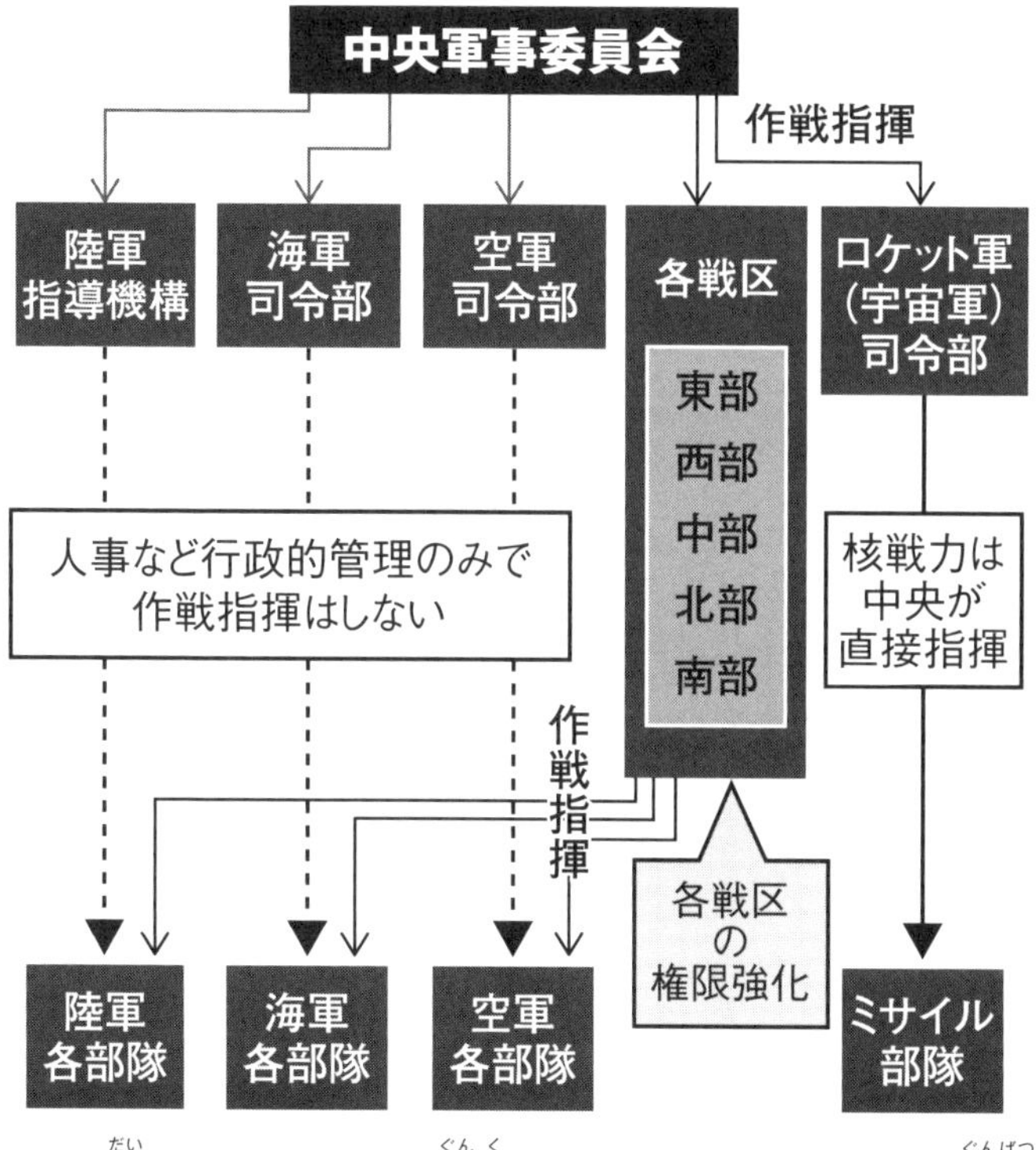

軍の大《だい》改組の前は、7大軍区《ぐんく》(5戦区にした)がそれぞれ軍閥《ぐんばつ》(ミリタリー・バロン)化して、腐敗したまま独立王国を作って群雄割拠《かっきょ》していた。共産党の言うことも聞かなかった。それぞれ軍ビジネスをやって肥え太った。陸軍の軍区が核兵器まで動かしていた。習近平がそれを叩き壊した。2012年の薄煕来《はくきらい》クーデターの最大の危険は、この核の暴走だった。

ない。世界戦争が起きるときは、ヨーロッパ地域《リージョン》かアジア地域《リージョン》で起こる。アフリカや南米や東南アジアで、大《だい》戦争（ラージ・ウォー）が起きることはないのだ。

だから、日本（極東《ファーイースト》）の安倍晋三が処分されたことと、（極《ファー》ヨーロッパの）ゼレンスキーがやがて処分されることは、同じレベルの同じことだと、はっきり分かっている。そして今、ゼレンスキー抜きでウクライナ戦争を、とにかく何らかの形で停戦（cease-fire シース・ファイア）させる交渉が行われている。

ウクライナのような、そもそも国家として有るのか無いのか分からないような小国の運命は、大国（帝国）の意思で決まっていくのだ。

この冷酷な世界政治の見方ができないのであれば、いくら政治問題に関心があるといったところでお話にすらならない。すべて、私が唱導《しょうどう》してきた**「帝国－属国 理論」**の方程式をあてはめさえすれば、即座に分かることである。

だから、あえてはっきり言う。日本のような小国は、帝国（大国）にはなれないのだから、中国とアメリカのあいだでうまい具合に、ひどい目に合わないように策を尽くして、思慮を深くして、生き延びることを考えればいいのである。

小国がいくら団結しても勝てないという世界政治の大原則

日本と中国の外交駆け引きにおいては、目下は大臣クラスよりも、その下にいる国家安全保障局長（長官）である秋葉剛男《あきばたけお》氏と中国側の王毅《おうき》外相との裏側での交渉が重要だ。秋葉剛男は、その前は外務官僚のトップである外務次官をしていた。

キッシンジャーまで秋葉を頼みにして話し合ったうえで、中国と交渉しているのだ。この10月26日にキッシンジャーが突如、訪日した。本当は極秘だったのだろうが、岸田首相と1時間弱話した。その写真をP153に載せた。

そこに秋葉剛男も同席しているのだ。秋葉剛男が、2022年8月に王毅よりも上の、中国の外交のトップの力を握っていた楊潔篪《ようけつち》に天津に呼ばれ、7時間話し込んでいる。このことも重要だ。秋葉剛男は、自民党に引きずられることなく、国益を考えることができる気骨ある人物だ。

そして、トッドが主張する「ロシアとプーチンは強い。プーチンの政権が瓦解することはない」にも、私は賛成である。だから、今にもウクライナとの戦争でロシアが敗れてプーチン体制が崩れると、テレビで散々しゃべった防衛研究所の高橋杉男《たかはしすぎお》や、東大の小泉悠ちゃん（奥さんはロシア人）たちのような、お子様ランチのような人たちは、すっかりテレビに出過ぎて疲れ果てたように見える。そうした甘い、自己願望だけの視野の狭い戦争分析は、もうすぐ終わりである。

もう今から52年前の1971年7月9日に、キッシンジャーがパキスタン北部から北京に入り、周恩来《しゅうおんらい》そして毛沢東と会った。それでニクソン大統領が7月15日に「私は北京に行く」と発表した。そして、翌1972年の2月に中国を訪問した。

その前の1971年10月25日に、台湾は国連（ザ・ユーエヌ）の総会で追放された。入れ替わって中華人民共和国が、「中国」を代表する国となった。「台湾は、中国の一部であるから、以後、独立国であるような主張をしてはいけない」とまで国連で決議された。

この大きな歴史の真実を、日本国内ではっきり書く人がいない。私が書いてから遠藤誉《えんどうほまれ》女史が、そうだ、そうだと、この国際社会の冷厳たる決定を書くようになった。台湾はザ・ユーエヌ（国連）から追放されているのだ。大きな勘違いをしないように。

このときのニクソン大統領とキッシンジャーの大《だい》戦略によって、アメリカがユーラシア

2022年8月17日、秋葉剛男国家安全保障局長と中国の外交トップだった楊潔篪《ようけつち》は、天津で7時間に渡り政治対話を行った

楊潔篪は第20回中国共産党大会（20大《たい》）で勇退した。王毅がその後を継いで中国外交部《がいこうぶ》（外務省のこと）の全てを指揮することになった。日本大使も務めた王毅は日本語ができる。楊潔篪と王毅は仲が悪かった。一方はエリートであり、他方はたたき上げである。

大陸《コンチネント》という大きなケーキを切り取るように、ロシアから中国を奪い取っていった、という理論を私は『属国日本論』（2019年復刊。初版は1997年）に書いた。このニクソン訪中は、同時に、ベトナムで泥沼の戦いを行っていた米軍を撤退させるための外交交渉でもあった。

キッシンジャー国務長官は、北ベトナム政府が言うことを聞かないので（今のゼレンスキーたちと同じ）、背後にいる大国に話を持っていった。それで、ソビエトからの兵器と物資がベトナムに送られていた軍事支援のルートを、中国政府に止めさせた。

当然、北ベトナム政府は怒った。それでも、このアメリカ（キッシンジャー）からの意向を受けた中国による圧力で、北ベトナム政府は、パリでの和平交渉に応じたのである。そして、1973年2月に妥協して、平和条約《ピース・トリーティー》を締結した。米軍はベトナムからの撤退を開始した。

これと同じ流れにウクライナ戦争もなっていくのだ。すなわち、アメリカ、ロシア、中国のような大国だけが世界の運命を決めていく。小国がいくら多数決で団結しても勝てない。現実を動かすことはできない。

このことは、私の先生の小室直樹博士がずっと主張していた。最近では私が前書き紹介文を書いた『戦争と国際法を知らない日本人へ』（2022年、徳間書店復刊）に書いてある。この本が発売された直後に、ウクライナ戦争が勃発した。私は驚いたが、まさしく天才学者の小室直樹が洞察《どうさつ》したとおりになる、と私はすぐに、ウクライナ戦争の成り行きを予言できた。

トッドは、ウクライナ戦争（ロシアでは今でも特別軍事行動〈スペシャル・ミリタリー・オペレイション〉と呼ぶ）で敗北する可能性が高いのは、アメリカと西欧のほうである、と書いている。私もこの考えに賛成する。

今、激しいインフレがアメリカとヨーロッパ諸国に押し寄せている。電気代と暖房用のガス代が、軒並み去年の3倍になっている。この事実は、日本国内で報道されない。アメリカとEU諸国の政府（財務省）が国債（政府の借金証書）を刷り散らかした。それを、F《エフ》RB《アールビー》（連邦制度準備理事会）とECB《イーシービー》（ヨーロッパ中央銀行）が発行するドル札、ユーロ札と交換して、それで何とか予算を組み立てて、福祉などの国内行政を間に合わせている。

ヨーロッパでも年率10％以上の激しいインフレが押し寄せている。ロシアから天然ガスの供給が止められたから、光熱費が以前の3倍に跳ね上がっている。この事実を日本のメディアは報道しない。ロシアが弱って国内が動揺してプーチンが追い込まれている、ということばかり報道している。

あまりに一方的な、偏向した報道ばかりするから、まともな頭を持つ500万人くらいの、穏やかな考えを持つ保守派の人間たちが、私の本に寄ってきている。ありがたいことである。

「日本核武装論」と「中国衰退論」をめぐる争い

エマニュエル・トッドが、「日本はもっと中国と話し合いをすべきだ」というのも正しい。私もこの立場だ。それに対して反共保守の橋下徹と木村太郎は、「日本は軍備をさらに増強して中国と対決すべきだ」と述べている。

それは愚か極まりないことである。彼らは大きくは、ディープステイトとカバールの手先であり、日本ではテレビ言論の花形である。あんな者たちに、私たちのこれからの生活を乱されてはたまらない。

私、副島隆彦はずっと「アジア人どうし戦わず。戦争だけはしてはならない」という旗を立てて生きてきた。この私が掲げるアジア人どうし戦わずの理念に向かって敵対してくる者たちとは、私は命がけの戦いを行う。

それで、ようやく以下にトッドが日本のテレビ出演で何を話したか、そして橋下と木村がどう反発したかの記事をちょっと長いが載せる。これで世界政治の流れ（アウトライン）が分かる。これを出発点にして、今回の私の中国本の話を進めていく。

「〝知の巨人〟トッド氏の「日本は核武装を」の提案に、木村氏「絶対にない」」

梅津弥英子キャスター（フジテレビアナウンサー）：エマニュエル・トッドさんは世界をどう見ているのか。「中国は世界の覇者になれない」という、その根拠は。

エマニュエル・トッド：中国の出生率は著しく低く、このあとすぐに労働年齢人口も減っていく。出生率は１・３とますます低下している。中国が支配的な覇権国家になることは考えにくい。ほとんど不可能だと私は予測する。それは人口動態（デモグラフ）を見れば明らかだ。私は何も特別なことを言っているわけではない。

梅津：トッド氏は「プーチン体制が瓦解することはない」とも予測している。

松山俊行キャスター（フジテレビ政治部長、解説委員）：ウクライナが（９月８日から）反転攻勢《カウンターアタック》に出てロシアから奪われた領域を取り戻す動きが続いている。あなたがプーチン体制は今後も揺らぐことはないと見るのはなぜか。

トッド：プーチンが（２０００年から）率いるようになったロシアが、（政治的にも経済的にも）しっかりとした安定性を取り戻したことは明らかだ。（「ソ連崩壊」予測の根拠となった）乳児死亡率は下がった。今やロシアの乳児死亡率は、米国よりも低い。自殺率も殺人率も低くなっている。

　ロシア社会が安定を取り戻し、国民が全体的にプーチンに満足している。ロシアは経済的な柔軟性も持ち合わせている。（２０１４年に）ロシアがクリミアに侵攻して、西側からの経済制裁《サンクション》を受けるようになったが、明白なのは、ロシア経済は非常に柔軟であるということだ。

松山：トッド氏によると、ロシアは社会的、経済的にまだまだ強靭《きょうじん》だということのようだが。

木村太郎：（ロシアが）瓦解しない、という話ではなく、瓦解させなければならないという議論にしなければいけない。それはなぜか。1940年代、ヒトラーの下《もと》のドイツはインフレを克服し、国力を回復し、軍隊も強くなってきた。国民はみなその強いドイツを支持していた。そのドイツはポーランド国内のドイツ国民を救うためだとして、ポーランドに侵入した。

プーチンは今回のウクライナで、まったく同じことをやっている。そのプーチンを存続させるということは、ヒトラーを存続させるのと同じことになる。瓦解するか、しないかではなく、瓦解させなければいけない。そういう議論だ。

トッド：ロシアを過小評価することはできない。私見だが、プーチン政権が崩壊すると仮定するのは完全な幻想だ。ロシアが何らかの形で敗北することは想像できるかもしれない。だが、ロシアがまた何らかの形で勝利する場合の準備もしておかなければならない。西側は、我々が思っているよりずっと脆弱《ぜいじゃく》だということはあり得る。なぜなら、より大きな危機に直面しているのは米国と西側だからだ。あらゆる可能性を考慮しなければならない。

今、世界は明らかに第三次世界大戦のような状況に突入しつつある。この中で、一歩立ち止まり、一歩下がって考え始めるべきだ。ロシアによるウクライナ侵攻は、あまりにも感情的な戦争だ。恐ろしいことだ。日本は、欧州のように巻き込まれないようにすることだ。

米国は今、周囲を台湾問題に引き込んでいっている。欧州をロシア経済から切り離したのと同じように、日本が、中国経済から切り離されるようにアメリカはまもなく要求してくるだろう。あるいは、すでに要求しているかもしれない。これは（私からの）日本への警告だ。

我々（ヨーロッパ）は、この米国の政策によって破壊されている。同じような政策に乗せられることで、日本は自らを滅ぼさないでほしい。もちろん中国との問題はあるだろうが、中国と日本経済の間には大きな相互依存関係がある。だから中国と話し合うべきだ。

もちろん軍備増強は必要だ。私は現実主義者《リアリスト》だ。戦争をしないためにも軍備増強をしなければならない。そして戦争以前に、中国と共通の問題、つまり（中国も日本も減少しつつある）人口問題に対する５つの解決策を話し合っておく必要がある。一歩下がって考え、感情的な態度から抜け出すべきだ。

台湾海峡で、中国を挑発しているのはアメリカだ。それに乗せられて日本は余計な手出しをしてはならない

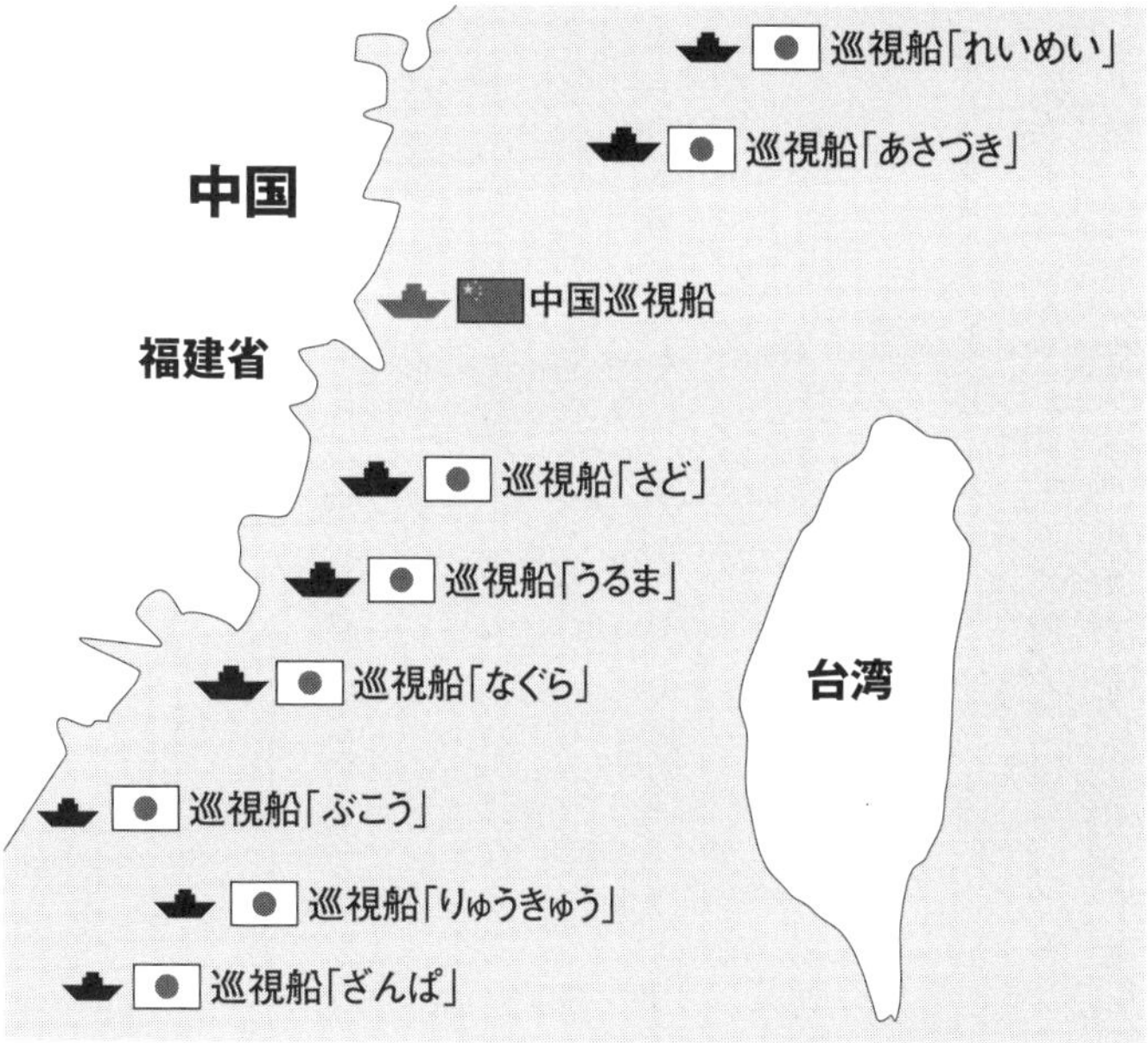

台湾めぐり日本に警戒強める中国　海保巡視船の公海待機に抗議　　（京都新聞2022年10月4日）

海上保安庁の巡視船が9月初旬に台風を避けるため（と称して）台湾海峡の公海（オープンシー）で待機した。あまりにも露骨な日本側の出しゃばりである。これに対し、中国政府が日本政府に「強い懸念」を申し入れ、抗議をした。日本側は「中国の主張を受け入れられない」と反論した。

松山：トッド氏の話は、日本の安全保障について米国目線《めせん》だけではなく、別の角度からも見る必要があるということだと思うが。

木村：トッド氏に言いたい。中国の言葉に「遠交近攻《えんこうきんこう》」という言葉がある。遠くと交わり、近くを攻める。つまり近くの国とは理屈抜きに、好き嫌い抜きに対立するのが当たり前だ、とし、そのためには遠くの勢力と結んでおかないといけない、と。まさにそれを日本は実行している。

別に（日本は）中国とことを構えようという気はないが、（日本は）遠い国のアメリカと（しっかり）結んでおくことは大事だ。トッド氏は「日本はアメリカに頼るな」と言うが、頼らざるをえない。これは、中国人が言う大原則から見てもそうだと、僕は思う。

橋下徹：中国に対するトッド氏と我々の見方は違う。人口動態《デモグラフ》だけをもとに「中国は覇権国家にならない」とは、僕は考えない。日本は人口減少を技術《テクノロジー》（による労働力不足の解決）で乗り越えようとしている。中国もそうしようとしている。現実の問題として、中国の防衛費はどんどんどんどん増えている。フランスからは遠いが我々からは近い、南シナ海、東シナ海では、尖閣諸島で中国と衝突している。

中国は軍事費を増強しているが、アメリカにはまだまだ届かない。このギャップを今後ドンドン埋めていく

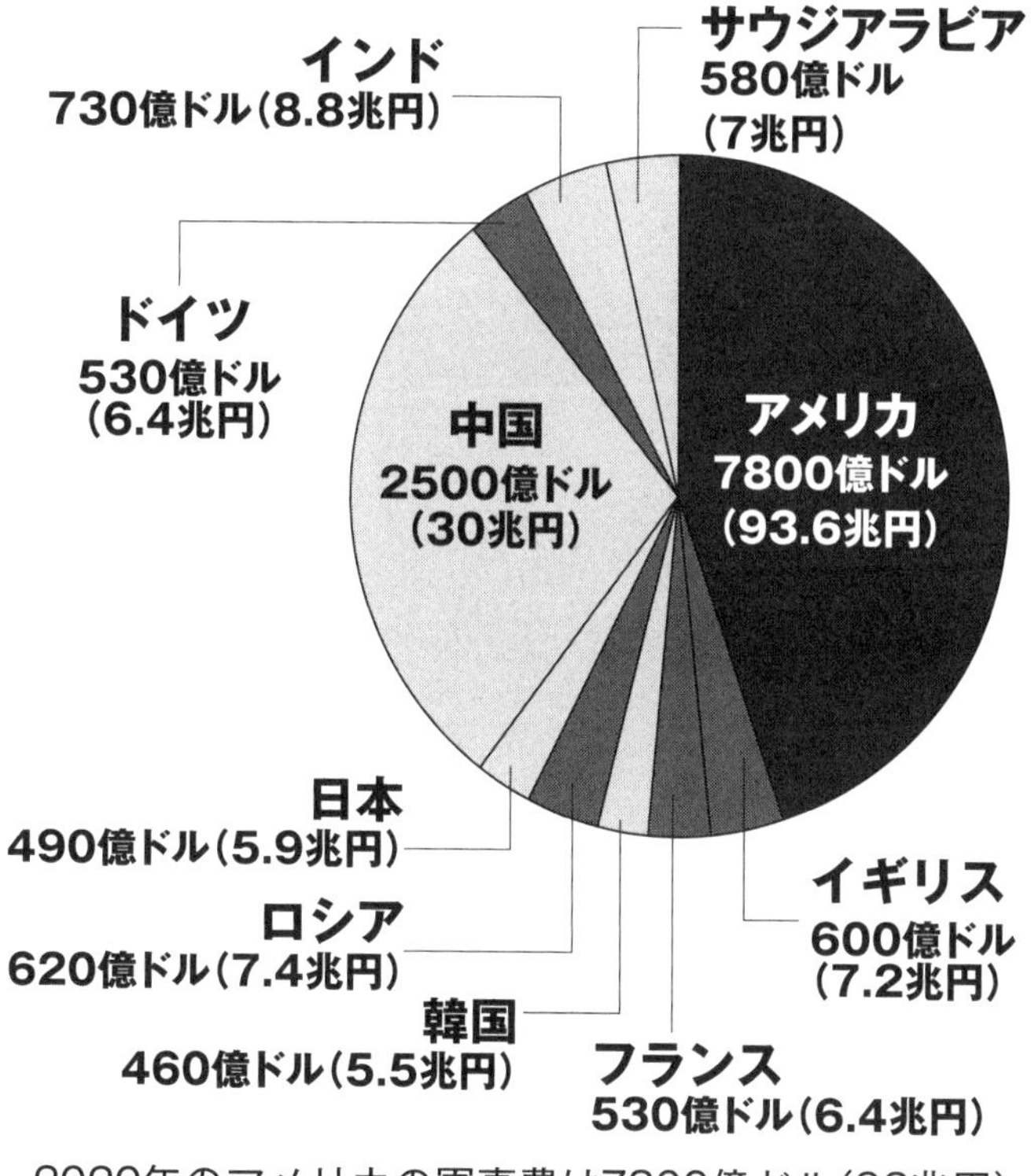

2020年のアメリカの軍事費は7800億ドル(93兆円)。中国の一貫した軍事費増加が世界の脅威と言われてきた。ロシアもだ。だが、まだ世界一の軍事大国は当然アメリカである。為替を1ドル＝120円とした。

フランスは、NATO（北大西洋条約機構）の集団安全保障の枠組みに入っており、しかも核兵器まで持っている。憲法9条の下、米国との同盟しかない日本と、フランスの見方は違う。日本はしっかりと米国、西側との間で集団的な安全保障を強化していく必要がある。将来的に中国がどうなるかは様々な予測があるだろう。だが、現実の政治としてはしっかり（中国に）備えなければならない。

松山：日本は独自の安全保障を、自らの考えで持つ必要があるということか。

トッド：もちろんだ。我々（ヨーロッパ）は同盟国、米国の信頼性に関して、これまでに様々な経験をしてきた。ご存じの通り、信頼性は非常に低い。米国は問題を解決するためにイラクに介入し、そして退去した。欧州に介入し、混乱を生んだ。彼ら（アメリカ）は実際の戦闘には参加するつもりはない。

米国から見ると、世界には、欧州、中東、東アジアという3つの重要な局面《フェイズ》がある。今度は日本の番だ。米国の信頼性なるものが、いかばかりのものか、体験してみるといい。私は日本が独自の安全保障政策を持つべきだと確信している。しかし、日本には人口（減少）問題がある。

唯一の安全保障は、何度も言うが、核を持つことだ。核を持つことは、攻撃的な軍事政策を行うこととはまったく異なる。むしろ逆だ。新たな立場をとるということだ。核を持てば（かえって）安全であり、（米国の戦争に巻き込まれず）中立的な立場をとることができる。日本がその気になれば、の話だが。

木村：（フランス語で。日本が核を持つことは）絶対にない。

トッド：（だが）フランスはその立場だ。

（ＦＮＮ　２０２２年11月６日）

そもそもエマニュエル・トッドとは何者なのか？

以上が３人の対話である。

エマニュエル・トッドについての説明を少ししておく。

彼はデモグラフィー demography 人口動態学（人口統計学）という学問の学者だ。これは、デモ（ス。人間の集団）をひとまとめにして、グラフすなわち統計で見る学問ということである。この人口動態学は、経済学《エコノミクス》の土台を作っている基礎学問のひとつということになっている。『20世紀の資本（論）』を書いたトマス・ピケティもトッドと同じデモグラファー、すなわち人口動態学の学者である。

彼らはアメリカ経済学のような、難しい、わけのわからない高等数学の物理学から派生した変な数式は使わない。彼らは、ヨーロッパの左翼の集まりであるＬＳＥ《エルエスイー》（ロンドン・スクール・オブ・エコノミクス）を出た人たちである。

ただしカール・マルクスの社会主義《ソウシャリズム》とは思想傾向が違う。こちらは、イギリスの社会主義者たちによるフェビアン協会に起源がある。人口動態学者《デモグラファー》は、「こんなにたくさん増えてしまった世界中の貧しい人たちを、どうやって食べさせればいいのか」ということで真剣に悩む思想派閥の人たちである。

ここから産児制限《バース・コントロール》の思想が生まれた。あまりにも動物並みの生き方しかできなくて、動物のようにボコボコ子どもを産む人たちをどうしたらいいかを考えた。だから、ここからＬＧＢＴＱ《エルジービーティーキュー》の性的少数者《セクシャル・マイノリティ》の思想にもなった。簡単に言えば、弱肉強食理論に基づいて、遺伝学（genetics ジェネティックス）と優生学（eugenics ユージェニックス）という恐ろしい学問に染まっていくことで、彼ら自身がおかしくなっていったのだ。

ハーバート・スペンサーという学者が、ダーウィンの進化論を現実社会の改良に広げていった。まさしく、残酷な弱肉強食の思想である。このヨーロッパ社会主義の思想の中か

フランスのゴーリスト(ドゴール主義者)であるエマニュエル・トッド(71歳)が、なぜ日本に核武装を勧めるのか

ドゴール将軍(大統領)は、対《たい》ドイツ戦に英米の助けで勝利して大統領になった。だがドゴールは、「アメリカ何するものぞ」というフランス人の誇り高さを持っていた。NATO軍の総司令官をフランス人にすることに反対した。そして、映画『ジャッカルの日』(1973年)で暗示されたがアメリカ政府に暗殺されかかった。

このことが分からないと、日本の知識人はE・トッドの思想を理解できない。今もゴーリスト gaullist(ガリア主義者でもある)が最も優れたフランス知識人たちである。残念ながら、このことが日本人に伝わらない。

ら生まれたのがデモグラフィー（人口動態学）である。
だから人口動態学は、そんなに生易《なまやさ》しい単純リベラル派の学問ではない。その本性《ほんしょう》は、トッドの発言に垣間《かいま》見られるがごとく、酷薄な学問である。これを人口歴史学とも訳す。なかなか日本人には理解できない。

人口動態学は統計学と確率論を使う。統計学と確率論というと、高等数学のなかで立派そうに見えるが、実はかなりいい加減な数学である。きれいな解《かい》（ソルーション。答え）が出ないものだから、結果を自分の都合のいいように誤魔化《ごまか》すために、この統計学と確率（論）を使う。

日本でいえば、東大理学部の数学科を出た高橋洋一というバカが専攻したのが、この統計学だ。純粋数学のなかでは落ちこぼれだ。数学者たちの間では蔑《さげす》まれている。いわば、医学のなかの美容整形科である。年に3億円稼ぐような、美人になりたいというオンナたちの切実な希望に応える医者たちのようなものだ。

東大法学部を出た文科系の財務官僚たちに対して、高橋洋一は「数学ができない。バカ、バーカたち」と呪《のろ》いの言葉を浴《あ》びせる。だが、高橋のその数学と言っても、たかが統計学《スタティスティックス》だから、大したことはないのだ。

高橋は、財務官僚のときにアメリカに行って、プリンストン大学でバーナンキ（このあとFRB議長）に頭をくるくるパーにされて帰って来て、竹中平蔵から「高橋君、手伝ってよ」で郵政民営化（2001〜2005年）という、日本国民の大切な資産奪い取りの尖《せん》兵《ぺい》になった男だ。私に文句があるなら、何か言ってこい。きちんとやり合おう。

統計学という数学ができる、デモグラファーを勉強した者たちは、政府の統計局や大企業の統計センターに入って、朝から晩までコンピューターを使ってものすごい計算をし続ける。これをブルシット・ジョブとも言う。大量の統計数字をいじくって数式に当てはめて、都合のいい答えを出している人たちだ。エマニュエル・トッドはこれの専門家だ。

トッドは、この学問的立場から、「欧米と同じウクライナは、個人主義の核家族になったが、ロシア人は大家族のままだ」と、こういうことを言っている。学問《サイエンス》自体が設定している枠組みが、しっかりしていないから、何を言うのも自由だ。

私、副島隆彦が、こういう分かりやすい大前提《プロポジション》と説明をしないと皆、分からない。トッドのことを〝知の巨人〟とテレビ局と出版社が勝手にもて囃《はや》しているから、私も誉《ほ》めてあげてもいいのだが。フランスの高級ワインのように売っているだけなんじゃないのか。

話を中国に戻そう。この本は、中国のこれからの動きを予測し、日本人にとってどれくらい中国の影響が、もっともっと大きくなるかを説明する本である。

今の中国は、たったこの30年で、恐ろしいほど巨大になった。だから、日本人が中国のことをあれこれ下に見たり、バカにしたりはできなくなっている。その分だけ、アメリカやヨーロッパの力のほうが落ちている。西洋白人文明の私たちへの影響が減少している。中国のことを無視しては日本人が世界政治や経済、金融のことを考えることは出来なくなっている。

これから中国はどう動くか。それを私は大胆に予言し、説明していく。

中国はたとえ核戦争になっても欧米白人と闘い抜く

ロシア（プーチン）は、場合によっては核兵器の使用もやむなし、という態度にどんどんなっている。それを中国が、なんとか抑《おさ》えようとしている。戦争の主力は陸上軍と核兵器であることが、ウクライナ戦争で改めて明らかになった。

「戦狼外交《せんろう》」の始まりは、2015年作の中国映画『戦狼』Wolf《ウルフ》 Warrior《ウォリア》(狼の戦士)である

戦狼外交を担う王毅《ワンイー》外相。『战狼』の邦題は『ウルフ・オブ・ウォー　ネイビー・シールズ（米海軍特殊）傭兵部隊 vs PLA（人民解放軍）特殊部隊（の戦闘）』である。2作目の『戦狼』（原題、战狼2）は、世界中で1,000億円以上の大ヒットとなった。私はみていない。

中国も、核の先制《せんせい》使用に反対する、と表向きは言ってはいる。しかし当然、必要とあらば使うことも辞さない姿勢でいる。中国は、これまでの欧米白人勢力（西側同盟《ザ・ウエスト》）に対して、遠慮して下手《したて》に出て、強い態度に出ることをこれまでずっと控えてきた。

しかし、どうも2018年の米中貿易戦争《トレイドウォー》（アメリカが高関税《こう》を中国からの輸入品にかけた）の頃から、はっきりとケンカ腰の態度になった。これを「戦狼外交《せんろう》」（ウルフ・ウォリアー・ディプロマシー）と言う。

1964年10月16日、中国は核実験に成功した。この中国の核兵器開発、核保有を毛沢東とともに推し進めたのが鄧小平《とうしょうへい》であった。

現在の中国の核弾頭《ニュークレア・ウォーヘッド》の保有数は、公表している数値では350発だ。フランスよりは、少し多めに発表している。しかし実際は、すでに600発を超えているだろう。2035年までに、公表数値を約4倍に増やす計画であることが、アメリカ国防省の年次報告書で明らかになった。記事を紹介する。

核戦争になっても中国が負けないよう、内陸に核軍事拠点を築くという毛沢東の「三線建設《さんせん》」(1964年発表)を中心となって推し進めたのが鄧小平だった

「三線建設」に基づいて内陸部での核開発が進められた。そのうちのひとつが宇宙ロケットと人工衛星の発射基地もある甘粛省《かんしゅく》酒泉《しゅせん》である。世界最大と言われる地下核実験場の「北山地下実験室」がある。

「米報告書、中国の核弾頭「2035年には4倍」台湾重視の軍人事も」

米国防総省は11月29日、中国の軍事活動に関する年次報告書を公表した。2035年までに、中国の核弾頭保有数が現在の4倍近い約1500発に達するとの見通しを示した。また、10月の人民解放軍の幹部人事で「台湾に関する経験や宇宙分野の専門知識」が重視されたと分析。中国の思惑《おもわく》通りに軍備拡張が進めば、人民解放軍の建軍100年となる2027年に「中国共産党が『台湾統一』を目指す中、さらに信頼できる軍事的手段を持つことになる」と指摘した。

中国が「次世代の戦争」に備えるため、人工知能（AI《エイアイ》）や無人兵器、ビッグデータなどを駆使した「インテリジェント（知能）化」を進めていることも指摘。民間の先端技術やインフラ、輸送力の軍事利用も含めて、中国の軍拡に警鐘を鳴らした。

報告書は、中国が、①2027年までの軍の統合的発展の加速、②2035年までの基本的近代化の完了、③2049年（建国100年）までの「世界一流の軍隊」の実現——の3段階の目標に沿って軍拡を進めていると分析した。

中国の現在の公表された核弾頭保有数は350発。これをあと約10年で1500発まで増やす計画である

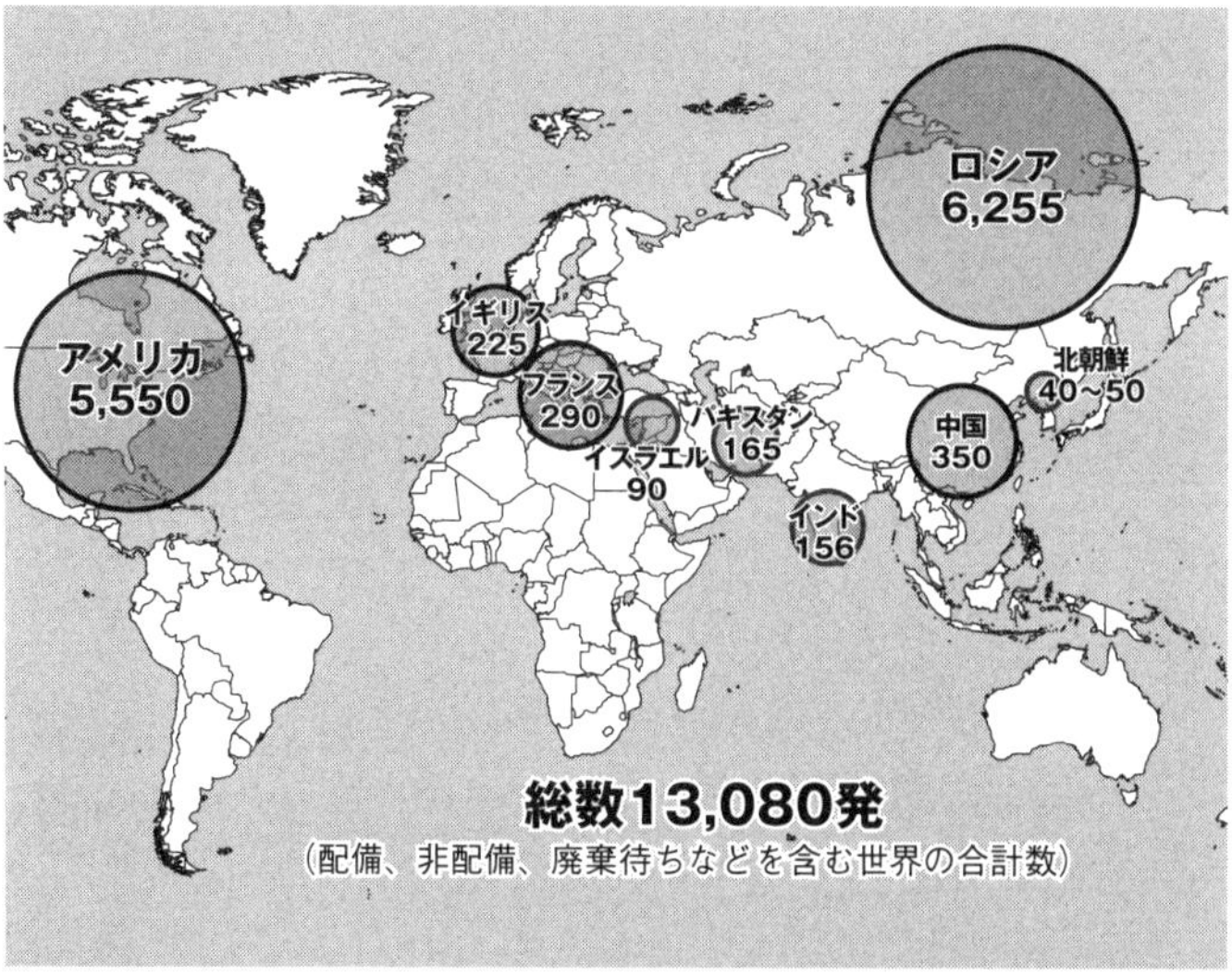

ストックホルム国際平和研究所（SIPRI）2021年版をもとに作成

中国は核強国を目指す。毛沢東の路線を継ごうとする習近平にとっては避けられない道だ。ただし、5大国（安保《あんぽ》理《り》常任理事国）以外の国の核保有は、認められていない。

２０２２年10月の中国共産党大会での習近平総書記（国家主席）の活動報告に関して、「２０２７年に向けて、（核戦力など）戦略的抑止力の強化を含めて、軍の近代化の目標を加速することに焦点を当てた」と分析。人民解放軍の最高指導機関である「党中央軍事委員会」の人事では、軍事技術や宇宙分野の専門知識、台湾に関する軍での経験が重視されたとの見方を示した。

（毎日新聞　２０２２年11月30日）

中国は、核（保有）強国を目指している。中国は、もう欧米白人による、これまでの中国に対する威丈高《いたけだか》な、共産主義独裁国家の「民主、自由、人権」のない劣等国非難、嘲《あざけ》りを許容しない、我慢しない。

第2章

習近平は本気で欧米白人支配を打ち破る

党大会で何が本当に起きたのか

２０２２年10月16日から22日まで、５年に一度の第20回中国共産党大会（これを二十大《たい》と言う）が北京で開かれた。この二十大で一番注目を集めたのは、22日の閉会式での胡錦《こきん》濤《とう》前総書記の突然の退場劇であった。

その映像が世界中に流れたのは、４日経った26日だった。この理由について、病気、体調不良説、人事に不満説が飛び交った。だが、体調不良であるなら、江沢民《こうたくみん》のように初めから出席しないという選択肢もあった。

胡錦濤は、習近平の前の上司である。習近平が国家副主席のときの（２００８年から）国家主席（英語なら大統領《プレジデント》）であり、かつ共産党のトップの総書記《そうしょき》であった。

胡錦濤は何が不満だったかと言えば、それは明らかに自分が所属した共青団《きょうせいだん》（中国共産党のなかのまじめなエリート集団）が新しい人事で、極端に差別されて、すべて要職から外《はず》されたからである。そして、新しいトップ7は、習近平とその子飼いの、自分に忠実な者たちだけで独占された。

これは明らかに、習近平独裁《どくさい》である。

今の中国のトップたちの間で、何が起きているのか。その分析と解明は、欧米白人の中国研究者（チャイナ・ウォッチャー）たちにはできない。なぜなら、彼らへの情報提供者（informant《インフォーマント》）である中国人知識人たちが、言葉を失って、何が起きているのかを考えることができなくなっているからだ。

この小さな政変劇をどのように考えるべきか。私は、自分の知能の限りを尽くして、今回の中国トップたちの動きを解明する。

その際に私が注目したのが、次の日経新聞の記事である。これは、退場劇から11日経った11月2日に記事になったものである。この記事に、きわめて重要な、これからの5年間の中国の権力者（指導者）たちの大きな動きが描かれている。この記事だけは、ズバ抜けて優れていて、じっくりと読むに値する。

やはり、今回の事件の分析は次の記事が一番適格だと私は判断する。

「「習近平崇拝だけは許すな」長老たちが守り切った最後の砦」

誰もが、3期目入りした共産党総書記、習近平（シー・ジンピン、69）の完全な勝利で閉幕したと思っていた共産党大会。それは片面にすぎなかった。完勝と言い切れるのは（習近平の独裁の）人事だけだったのだ。

「退職した老人は黙ってろ」。

5カ月前、現役ワンマン社長から怒鳴られて鬱屈していた共産党の創業に尽力した老人らは、裏でひそかに動き出していた。驚きの成果が突然、明らかになったのは、閉会から4日が過ぎた10月26日のことだった。

習がこだわり続けた改正後の共産党規約《きやく》全文に、彼への忠誠を示す「二つの確立《かくりつ》」というスローガンが全く見当たらない。（それまでに）多くの指導者が口にし、北京の街角には横断幕も掲げられ、党大会決議でも言及された。それなのに、肝心の（党規約の）本文では完全に無視された。

短縮された「習近平思想」「人民の領袖」という文言もない。あの騒々しい前宣伝は何だったのか。この異変にはもちろん裏がある。カギは「老人パワー」だった。

（中略）

「『習近平崇拝』だけは許すな」。これが、5月以降、長老および退職幹部らの緩やかな連帯の合言葉になっていった。会談で示し合わせたわけでもないあ、う、ん、の呼吸。「ゆるゆるの連携」にすぎないが、（長老たちが）それぞれ声を発するなら、習への大きな圧力になる。

もちろん（今回の）奇怪な「宮廷政治劇」の主人公の胡錦濤（フー・ジンタオ、79）も、40年持ち続けた信念を胸に抱きながら退場したに違いない。挙手採決の直前だった。紅（あか）いファイル内の改正最終案が、果たして彼にとって心から賛同できるものだったかは不明のままである。（中略）

（習近平の）終身制（死ぬまでトップにいる）だけは阻みたい長老らは、その代償として一つだけ妥協した。それが（「二つの確立」に取って代わる）「二つの維持」の容認だ。これは（トップの人間を指し示す）核心の地位を守り、集中統一指導を守るにすぎない。核心は、毛沢東、鄧小平、江沢民も同じで、（毛沢東だけに許された）個人崇拝、終身制に直結しない。（中略）

胡錦濤は今度の人事では弟分、子分たちを守れなかった。それでも最後のとりでの

②習近平に抗議する胡錦濤

③「あとは任せたぞ」と声をかけ、胡錦濤は立ち去った

10月22日の第20回共産党大会(20大《たい》)の閉会式で起きたこと

①紅いファイルを胡錦濤に見せまいとする栗戦書

胡錦濤退場までの内幕

①栗戦書《りつせんしょ》(前のチャイナセブン)が紅いファイルを胡錦濤に見せなくする。

②退場させられながらも胡錦濤は、習近平に「約束が違うじゃないか」と詰め寄った。しかし制止された。

③となりの李克強の肩に手を置いて「私は言ったからな。あとは任せたぞ」と声をかけ、胡錦濤は会場を後にした。

④このときの李克強たち共青団に動揺が全く見られなかった。ここから、私、副島隆彦が近《きん》未来を見通した。共青団はやがて整然と共産党を集団脱党していくだろう。そして新しい政党を作る。

党規約だけはギリギリ守り切った。一矢報いたのだ。習と決して一心同体ではない共産党という大組織が党の憲法上、習の「鄧小平《とうしょうへい》超え」という野望の実現をひとまず却下したのである。これが今回の「胡錦濤劇場」の幕切れ後にわかった極めて重大な内幕と歴史的な意義だ。

（2022年11月2日　日経新聞　編集委員　中沢克二）

今度の党大会の分析は、ダントツで中沢克二の一人勝ちだ。これが、おそらくズバ抜けて正確な、「中国という国の国家の作り方」に対する外側（外国）から見た場合の、冷酷な、レントゲン撮影（x ray《エックスレイ》）だろう。

習近平独裁を、ドタン場で長老たちの一致団結の老人パワーで抑えきった。習近平は、ギリギリの処《ところ》で、中国共産党が持つ集団指導体制の優位の前に屈服した。習近平とその直属の者たちが望んだのは、これまでの10年間（2期）で習近平が築いた毛沢東並《な》みの個人崇拝（キャラクター・カルト）と、「毛沢東思想」並みの自分への忠誠であり、それを党員たちに求めようとした。

しかし、それは長老パワーによって阻止され、脆《もろ》くも崩れ去った。それでも、あと5年

習近平も手を焼く最長老の宋平《そうへい》(105歳)と曽慶紅《そけいこう》(83歳)。老人パウアの団結で習近平への個人崇拝(キャラクター・カルト)を阻止した

第20回党大会開幕式(10月16日)で隣同士となった宋平(左)と上海閥No.2の曽慶紅《そけいこう》(右)。江沢民は健康状態を理由に出て来れなかった(11月30日死去、96歳)。宋平は前の国家主席の胡錦濤を推したキングメイカーだ。反《はん》上海閥である。それでも敵の敵は味方ということで呉越同舟で習近平の前に立ちふさがった。全ての長老たちが「習近平は毛沢東の再来ではない。個人崇拝を認めない」という、集団指導体制の実《じつ》を中国の国家体制は守り抜いた。

間の独裁（ディクテイターシップ）だけは認められた。

「その代わり、このあとの5年間だけは、習よ、お前のやりたいようにやっていい。なぜなら、お前にしか、苦難に耐えられる者はいない、と私たち老人は分かっているからだ」ということになった。

そうなると、習近平が党大会初日に読み上げた活動報告に指導者への批判がなかったのも納得がいく。この部分は実は演説原稿にはあった。にもかかわらず、習近平はわざとその部分をすっ飛ばしたことが明らかになった。

「習近平氏、旧体制への批判読み上げず党大会「活動報告」で原文の半分のみ」

10月16日の中国共産党大会初日に習近平総書記（国家主席）が読み上げた「活動報告」が、大会で了承された原文から55％削除されていたことが分かった。削除部分には旧体制への批判などが含まれるので、長老らに配慮したとの見方が出ていた。（中略）

ひな壇には胡氏や、江沢民《こうたくみん》総書記時代に政治局常務委員を務めた105歳の宋平《そうへい》氏らが並んでいたため、当日、会場で配布された原文と見比べながら報告を聞いていた海外メディア関係者の間では「批判部分を読み上げないことで、長老たちに一定の配慮をした」との見方が出ている。

（北海道新聞　2022年10月17日）

この北海道新聞の記事に真実が書かれている。習近平は、トップ人事は全て自分の思うとおりにやった。しかし長老たち（老人パウア）に対して、「私を個人崇拝せよ。毛沢東の再来、までは主張しません」と譲歩、退却したことが書かれている。

この記事は党大会（20大《たい》）の開会初日（10月16日）の翌日のものだから、新品ホヤホヤで即席のものだ。ここで、すでに中国《チャイナ》ウォッチャー（海外メディアの関係者）たちの間では、習近平の譲歩が囁《ささや》かれている。流石《さすが》である。

毛沢東ですら、1950年代後半の大躍進運動《だいやくしんうんどう》（1958～1962年）の失敗で、一時は表舞台から引きずり降ろされた。そして、1966年からの文化大革命で、ようやく権力の座を取り戻せたのだ。

回数	開催時期	主な出席者	特徴	リーダー
第12回	1982年9月	鄧小平、胡耀邦、趙紫陽、華国鋒、習仲勲、李鵬、薄一波	「中国の特色ある社会主義」を正式に発表	**鄧小平** 革命第2世代
第13回	1987年10月	趙紫陽、鄧小平、胡耀邦、習仲勲、李鵬、薄一波、江沢民	改革の加速と深化がテーマで、趙紫陽が「中国の特色ある社会主義の道に沿って前進」と報告	
第14回	1992年10月	江沢民、鄧小平、李鵬、朱鎔基、薄一波、温家宝、習仲勲、胡錦濤	江沢民（上海閥）が最高指導者の地位を確立。「改革開放と現代化建設を加速し、中国の特色ある社会主義のさらなる勝利」を発表	**江沢民** 革命第3世代
第15回	1997年9月	江沢民、李鵬、朱鎔基、胡錦濤、温家宝、薄一波、習仲勲、李克強、周永康	鄧小平理論を党の指導思想として確立し党規約に書き入れた。党がマルクス・レーニン主義、毛沢東思想、鄧小平理論をその行動指針とすることを明確に規定	
第16回	2002年11月	江沢民、李鵬、朱鎔基、胡錦濤、温家宝、曽慶紅、薄一波、周永康、王岐山、王滬寧	胡錦濤が最高指導者の地位を確立。マルクスレーニン主義・毛沢東思想・鄧小平理論の「3つの代表」を重要思想とし、小康社会の構築を宣言	**胡錦濤** 革命第4世代
第17回	2007年10月	胡錦濤、江沢民、温家宝、曽慶紅、周永康、胡春華、王岐山、王滬寧、李克強、薄熙来、習近平	胡錦濤が発表した「科学的発展観」を党の主要方針として党規約に明記することを決定	
第18回	2012年11月	胡錦濤、江沢民、温家宝、習近平、李克強、周永康、王岐山、曽慶紅、胡春華、王滬寧	薄熙来事件を解決して、習近平を中心とする新指導部が発足	**習近平** 革命第5世代
第19回	2017年10月	習近平、李克強、栗戦書、汪洋、王滬寧、趙楽際、韓正、王岐山、胡春華、胡錦濤	マルクス・レーニン主義、毛沢東思想、鄧小平理論、3つの代表、科学的発展観に続いて、習近平による「新時代の中国の特色ある社会主義思想」を党規約に明記	
第20回	2022年10月	習近平、李強、趙楽際、王滬寧、蔡奇、丁薛祥、李希、胡錦濤、宋平、曽慶紅	習近平の3期目がスタート。ただし、個人崇拝を許さず	

中国共産党大会第１回から第20回までの全記録

回数	開催時期	主な出席者	特徴	リーダー
第1回	1921年7月	毛沢東、董必武	中国共産党の「第一綱領」と「第一決議」を採択し、中国共産党の成立を宣告	**陳独秀**
第2回	1922年7月	毛沢東、陳独秀	帝国主義と封建主義に徹底的に反対する民主主義革命の綱領を提起	
第3回	1923年6月	陳独秀、李大釗	共産党員や労働者が国民党に参加するかどうかを討論	
第4回	1925年1月	陳独秀、李大釗	国民党と合作する方針を決定	
第5回	1927年4月	毛沢東、陳独秀、董必武、劉少奇	国民党の党首、汪兆銘も参加したが、毛沢東が陳独秀の都市エリート路線を批判し農民闘争の強化を主張	
第6回	1928年6月	周恩来	秘密裏にモスクワで開催され、中国革命の十大政治綱領を制定	
第7回	1945年4月	毛沢東、周恩来、朱徳、劉少奇	革命の聖地、延安で開催され、毛沢東思想の全党における指導的地位を確立	**毛沢東** 革命 第1世代
第8回	1956年9月	毛沢東、劉少奇、周恩来、朱徳、林彪、鄧小平、習仲勲、胡耀邦、薄一波	特定の個人やその功績を際立たせたり、個人の功績をやたらに誉め称えたりすることに反対を表明。毛沢東への批判	
第9回	1969年4月	毛沢東、林彪、江青、周恩来、朱徳、郭沫若	林彪を毛沢東の後継とするとともに文化大革命を合法化し、林彪、江青らの地位を強化。過激路線になった	
第10回	1973年8月	毛沢東、江青、周恩来、華国鋒、鄧小平、朱徳、郭沫若	江青、張春橋、姚文元、王洪文が中央政治局内に「四人組」を結成。過激路線が動揺	
第11回	1977年8月	華国鋒、鄧小平、胡耀邦、趙紫陽、郭沫若	毛沢東の死の翌年。四人組との闘争を総括し、文化大革命の収束を宣言	**鄧小平** 革命 第2世代

中国という巨大な帝国の権力争いは、一筋縄ではいかない。そうした複雑な構造が、党大会で見えた。習近平は人事で独裁体制を築いたことで、ようやく長老たちとのパワー・バランスがとれたのである。

習近平は戦争がいつでもできる体制を整えた

習近平は、決して絶対的権力者の地位を手に入れたわけではない。今の中国人の全体としての知能の高さに応じて、習近平は優れた人間であるから、自分に許された範囲での、必要に応じての独裁的な権力を振るうだけなのだ、とよく分かっている。

習近平は欧米白人と本気で戦争する気になっている。だが決して、自分のほうから手出しはしない。それでも、アメリカが台湾にちょっかいを出して来たら、絶対に本気でやり返す。それは戦争《ウォー》である。ただの軍事衝突（ミリタリー・コングリゲイション）や紛争（ミリタリー・コンフリクト。事変）では済まさない、済むわけがないと、中国（人）は、すでに固く決意したのである。それが今の中国（人）の構《かま》えである。このことを日本人が甘く見ている。

これまで20年間ぐらい、中国人のことを腐《くさ》して、貶《けな》して、バカにして、嫌《いや》がって見下してきた、日本の反共《はんきょう》言論人たちの本がほとんど消えてなくなった。出版物として書店から消えつつある。いくら中国をバカにして、貶しても、現実には中国は巨大な成長を遂げたのだ。もう、まともに立ち向かえないくらいの大国になった。

それに引きかえ、この30年間の日本の恐るべき衰退ぶりは目に余る。そもそも「マイナスの成長」というヘンな言葉（専門用語）が有るのか。「プラスではないマイナスの成長」とは、衰退（デクライン）のことである。

現に今も、日本は、年率マイナス（本当は英語ではネガティブ negative と言う）２％《パーセント》ぐらいの衰退を続けている。日本政治は、分かっていてワザと１・２％の成長とかインチキの数字を公表して、かつＯＥＣＤ《オウイーシーディー》や国連などの国際機関に報告をしている。恥知らずのウソつき自民党独裁政府である。

この30年のあいだに、日本は世界中の新興国にどんどん追い抜かされていった。１人当たりＧＤＰ（per《パー》 capita《キャピタ》 ＧＤＰ）では、韓国どころか台湾にも今年（２０２２年）追い抜かされてしまった。それでも日本のＧＤＰは、まだアメリカと中国に次ぐ第3位の経済大国だ、と威張っている。日本の潜在的な経済成長力はまだまだ高い。まだ、がんばっている日本人技術者《エンジニア》が５００万人くらいいる。

ところが能力のない日本人も３０００万人くらいいる。それでも、「どうにかこうにかやっているのだから、日本はこれでも大したものだ」という考えもたしかにある。「アメリカの属国《ぞっこく》をやり過ぎたから、こんなことになったのだ」まで言ってくれるなら、その人とは、私、副島隆彦は同意する。肝胆《かんたん》を照らし合う関係となる。

今の中国の巨大な成長をまともに、まじめに受け止めるならば、しっかりとその真実を見据えなければならない。

中国政府は、去年の成長率は３・９％だったと11月初めに発表した。この３・９％という数字を指して「中国の成長は大きく鈍化した」と中国を貶《けな》している欧米、そして日本のエコノミストたちは、自分の国の、この10年間の目も当てられないマイナス成長（実際はド貧乏化）の真実のほうをこそ直視せよ。

中国が本気になって戦争に備えるのは、ウクライナでロシアが西側にまんまと嵌《は》められたことが分かったからである。アメリカは戦闘には参加しないと言いながら、軍事衛星や通信傍受など一切の最先端の軍事情報と技術を提供している。それでウクライナ軍は、前線（フロントライン）のロシア軍の司令部（指揮所）や弾薬庫《だんやくこ》を正確に攻撃、破壊している。これにロシア軍は散々やられている。

こうして丸裸にされたロシア軍の様子から、プーチンは自分が嵌められたことにさっと気づいた。そこで、当初の首都キエフ攻略を諦《あきら》めて、さっさと5月には東部に主力軍を移す決意をしたのである。

この様子を中国の首脳はしっかり見ていて、「自分たちは騙されないゾ。アメリカが攻めてきたらしっかりと叩きのめす体制を作らなければ」と習近平は考えた。だから、自分の足を引っ張る共青団派の李克強、汪洋《おうよう》（2022年10月までチャイナセブンの1人。序列第4位）はもとより、次の首相候補と言われた胡春華《こしゅんか》を、24人の政治局員からも外したのである。

それは、李克強たち共青団では汚れ役ができないからだ。つまり、共青団では戦争ができない、ということだ。だから習近平は、胡錦濤から8月の北戴河《ほくたいが》会議で「では、胡春華たちをよろしく頼む、重要な役職につけてくれ」と言われていたにもかかわらず、蓋《ふた》を開けたら、トップ7どころか、次の24人にさえ胡春華は入れてもらえなかった。

それで「約束が違うじゃないか」と言う胡錦濤を、ボケ老人（アルツハイマー型認知症）

ということにして退場させたのである。これは明らかに政治的な権力闘争である。先述したとおり、あの退場劇について、外国の中国ウォッチャーたちがあれこれ発言していた。しかしながら、彼らは中国人ではない。自分勝手な憶測《おくそく》を書いていた。それらは全てハズレであった。

それに対して、中国人の知識人やジャーナリストは、聞かれても何もしゃべろうとはしなかった。これで欧米白人メディアは困ってしまった。白人たちでは、中国人の感覚や、精神構造までは分からない。

ところが、日本人は違う。日本人は、中国人が考えていること、感じていることが半分分かる。日本人は、古くから中国と同じ漢字文明のなかで生きている。日中は、一衣帯水《いちいたいすい》（帯水は細い帯のこと。海峡を隔《へだ》てて隣国であること）の間柄《あいだがら》であるから、互いに半分は気持ちが通じ合える。

私の判定では、前のほうに載せた日経の中沢克二の「長老たち（老人パウア）が、習近平を押し止めた」論だけが抜群に優れている、となる。

習近平は胡春華ら共青団の善人たちをことごとく第一線から外した。彼らではキビしい汚れ仕事ができない。習近平はこれからの5年間、欧米白人たちとの戦争までしなければならない

“20大”で退場する（10月23日、1中全会）習近平を拍手と笑顔で見送る胡春華。だが、習近平は彼を一顧だにしなかった。胡春華たちは顔も見るからにお坊っちゃまで、秀才たちだ。習近平は「あいつら（共青団）は人生の苦労が足りない」と言い放った。

すでに5年前に予言していた習近平体制3期目の本質

私は、すでに5年前の自分の中国研究本である『今の巨大中国は日本が作った』（2018年刊、ビジネス社）で、要約《ようやく》以下のように書いている。

「2027年までは習近平体制が続く。ただし、そこで終わり。そのあとは共青団と習近平派による2大政党制になり、普通選挙制度が導入されて、デモクラシーが導入される」

このことを、自分の中国への冷徹な未来予測とした。

この動きが、今や着々と現実のものになっている。私の予測の勝利だろう。あの当時、習近平が3期目までやること。それが独裁の色を濃くすること。そして、アメリカとの戦争も辞さない覚悟となっていること。さらにそのうえで、ギリギリの睨《にら》み合いのあと、中国の勝利となる。アメリカは世界覇権を失い。分裂して大人しくなる。そこで自分の未来予言をひとまず終わりにする、ということを書いた。

ここまで言った人間は私以外にいないだろう。世界中を探してもだ。

そこで5年前の自著で、どのように状況を予測していたか。デモクラシーなるものの本質もあわせて説明しているので、以下に過去を振り返って載せる。
私が５年前に書いた本の中身である。

２０１２年に始まった習近平体制は、通常であれば２期目の次の５年で終わりだ。だが、おそらくさらにその次の５年も習近平が政権を担うだろう。（２０１８年の）３月の全人代《ぜんじんだい》で「任期の上限を撤廃する憲法改正案」が採択された。これで「習近平の独裁体制が死ぬまで続く」と、専門家たちが解説した。だが、そんなことはない。習近平は２０２７年（あと９年）で辞める。

私の今度の中国研究で行き着いた大事な発見は、２０２２年からの５年で、中国はデモクラシー（民主政体、民主政治）への移行を実現するということだ。だから、これからの５年間は確かに習近平独裁である。彼に強い力が集中して、戦争でも騒乱鎮圧でも残酷にやる。その次の２０２２年からの５年間は、中国がデモクラシー体制に移行する準備期間となるだろう。そうしないと世界が納得しないし、（中国という国家が）世界で通用しないからだ。

この説明に際し言っておきたいのは、私は「民主主義」という言葉を使わない。「デモクラチズム」という言葉はない。だから、✕民主主義は誤訳である。

正しくはデモクラシーは、「代議制民主政体《せいたい》」である。このことは世界基準の政治知識であり、次のようになる。

①普通選挙制度　ユニバーサル・サフレッジ　universal suffrage
②複数政党制　マルチ・パーティー・システム　multi-party system

の2つから出来ている。この①「普通選挙」と②「複数政党制」を曲がりなりにも完備すれば、それでデモクラシー国家と言える。①の普通選挙制度は、18歳以上の男女すべてに1人1票を与え無記名の投票で代表者を選ぶ政治体制（政体）である。中国は、これに必ず移行していくと私はみている。

今のままでは、中国国民の反発、不満も限界に達する。現在の一党独裁は、世界がもう許さない。このことを習近平自身が、しみじみとよく分かっている。

①の普通選挙制度の前提として、②の複数政党制《マルチ・パーティー》が必要だ。少なくとも2つの大政

党が出来なければいけない。そして、選挙で勝った政党によって、中国の政権が作られる政治体制に変わっていく。そのための移行期が2022年からだ。そこでは、もう習近平独裁は行われない。

どうして中国がそのように変わるのか。
そうした政治体制に変わらなければ世界が納得しないからである。
（『今の巨大中国は日本が作った』2018年刊。P3〜6より）

このように、私は5年前に書いた。このとおりだ。中国は着々と予定どおり進んでいる。そして、これからの5年間で厳《きび》しいアメリカとの戦争直前までの対立を経験する。本当に（小）戦争に突入するかもしれない。それでも習近平体制は、その危機を上手に乗り切って、2027年に花道を飾って引退してゆくだろう。
習近平でなければ残酷な戦争の指揮はとれない。多くの人が死ぬ。そのように鄧小平《とうしょうへい》が決めて、習近平を1993年（40歳のとき）に抜擢《ばってき》していたのである。

鄧小平の思想をいちばん引き継いでいるのが習近平

今度の、2022年の党大会（20大《たい》）の翌日に決まった「チャイナセブン」で、王滬寧《おうこねい》が生き残ったばかりか、党内序列5位から4位に昇格した。王滬寧が中央書記処《しょきしょ》の筆頭の書記になって、2023年3月からは、政治協商《きょうしょう》会議の主席にも就任するだろう。

詳しいことは書かないが、王滬寧は、ロシアのドミトリー・サイムズという亡命ロシア知識人で、プーチン政権に強い影響力のある人物と似ている。私と佐藤優《まさる》氏の最新刊の対談本『欧米の謀略を打ち破り よみがえるロシア帝国』（2022年刊。ビジネス社）で詳述した。このドミトリー・サイムズがロシアのプーチン大統領に、アメリカの〝世界皇帝代理〟であるヘンリー・キッシンジャー博士からの伝言を即座に伝える係だ。

こういうことが分かる人から上が、世界政治の頂点のところを理解できるのである。「バカの壁」を上に突き抜ける人間だ。

私は10年ぐらい前から、以下のことを自分の中国本に書いている（毎年、1冊ずつ、この15年間、出してきた）。それは、1993年に鄧小平が、40歳の習近平を呼びつけて、次の

「お前を次の次の中国の指導者にする。お前の父さんは偉かった」と鄧小平が決めたのは、1993年だったろう。この時、習近平は40歳

1989年6月。天安門事件(六四《ろくよん》)の時の習近平。この時、習近平は36歳で、福建省厦門《アモイ》の副市長を務めていた。鄧小平は「指導者に何よりも必要なのは、我慢することだ(忍耐だ)」と習近平に教え諭《さと》しただろう。

ように言ったという私の説だ。

「習近平よ。私は、お前を次の次の指導者にする。堅忍《けんにん》自重《じちょう》して、修養を積め。お前のお父さんの習仲勲《しゅうちゅうくん》は偉かった。文革時の苦難に16年間よく耐えた。

習近平よ。お前は、私の敵である江沢民、曽慶紅《そけいこう》、賈慶林《かけいりん》ら、腐敗した上海閥が育てた男だ。お前は30歳のときから福建省に行って、彼ら上海閥に守られながら生き延びた。私はお前が、北京で軍の耿飈《こうひょう》の秘書をしていて、連絡係として私に報告しに来たとき（1979年2月？）から、ずっとお前を観察してきた。お前の素行《そこう》はしっかりしている。だから、次の次の最高指導者にする。

私は、お前を彼ら上海閥にバレないように、こちら側に奪い取り、育てることに決めた。胡錦濤と温家宝から、いろいろと習え。指導者に必要なのは我慢することだ。

私がずっと期待して育ててきた、あの共青団の人民思いの善人たちでは、中国を率いていくことはできない。彼らは六四（ろくよん。天安門事件。１９８９年）で、学生たちを抑えることが出来なかった。

お前なら、戦争が出来る。人民が、５００万人、１０００万人死んでも、お前ならそれ

王滬寧《おうこねい》は、江沢民、胡錦濤、習近平と3代の総書記に仕え「三代帝師《ていし》」と呼ばれる理論家になった。今後5年もキッシンジャー博士との中国側のカウンターパート（連絡係）である

中国共産党随一の頭脳を持ち現代の諸葛孔明《しょかつこうめい》と言われる王滬寧（1955〜、67歳、習より2歳下）。カリフォルニア大学バークレー校とアイオワ大学で教えた経験も持つ。彼が「中国製造2025」という国家戦略を公表したため、アメリカに察知され、2017年からの米中貿易戦争（半導体《はんどうたい》戦争）が起きた。このため、党内で批判され一時は姿を消した。ところが今回、トップの4位となった。国家のお目付け役として習近平政権に助言する。インドで一番売れている政治雑誌THE WEEK誌の表紙に描かれた習近平と王滬寧。

が出来る。お前は、悪人の上海閥（幇《パン》）たちから悪《ワル》の能力も教えられ身につけている。私は天安門事件以来、善人である共青団たちに期待していない。

指導者であるためには、優れた悪人でもなければいけない。だから私は、お前を次の次の指導者にする」

と、鄧小平は習近平に言っただろう。

ただし、これは、私、副島隆彦の作り話。創作であって証拠はない。

私は、このことを自分の中国本に、これまでに再三書いてきた。この時1993年だ。習近平は40歳。私と同じ1953年生まれだ。現在69歳。この時から4年後の1997年に、偉大だった鄧小平は死んだ（92歳）。

そして、だから今の習近平体制が続いている。

衰えゆく善人集団の共青団

李克強たち共青団（共産主義青年団。団派《だんぱ》とも言う）のお人好《ひとよ》しの善人さま集団で、民衆

習近平は父、習仲勲(1913～2002)が1962年に失脚、投獄された。習近平(9歳)は党幹部の息子(太子党)としての苦しい運命を生き始めた

写真は1966年5月に始まった文化大革命で「反党分子」とされ、学生の紅衛兵に糾弾される習仲勲。習近平は、このあと1969年1月(15歳のとき)に父の故郷である陝西省《せんせい》(西安の北のほう)の延安《えんあん》(さらにそこから東に100kmの延川県《えんせん》)に下放された。

を大事にし、民主的でリベラルな指導者たちでは、いざと言う時に、戦争体制を維持できない。これからの習近平の5年間で、欧米の超支配層（カバール）を打倒することができない。だから、習近平の今の独裁体制があるのだ。私は、この考え（理論）をずっと主張している。

　私は、共青団の民主化路線を行く人々が、ずっと好きだった。だが、彼らでは今は、大国中国を運営していくことはできない。欧米白人たちを上から支配している悪魔集団であるディープステイト（陰《かげ》に隠《かく》れている者たち）および、その頂点にいるカバール cabal との闘いで、中国のほうも強力で冷酷な支配体制（戦争ができる態勢《たいせい》）を築かないといけない。だから私は、習近平の独裁体制がアメリカに勝つまでの、これからの5年間を支持する。

　同時に私には、李克強たち共青団がたどるこれからの運命が分かる。後述する英と米の超《ちょう》支配者たち（カバール。cabal）を習近平の下で中国が打倒する戦いが分水嶺を越す辺りで（3年後か？）、共青団系は中国共産党から集団で脱党して、中国民主党という別の大政党を作るだろう。

　そうして中国は、世界覇権国（ヘジェモニック・ステイト）であるための、デモクラシー（デモス・クラティーア demos-cratiae）の最低限の条件を満たすために、複数政党制（マル

1978年10月の鄧小平の来日が、その後の中国の大発展を決めた

国賓として昭和天皇と会談した。天皇は中国の最高指導者に率直に詫《わ》びた。すばらしい一瞬である。

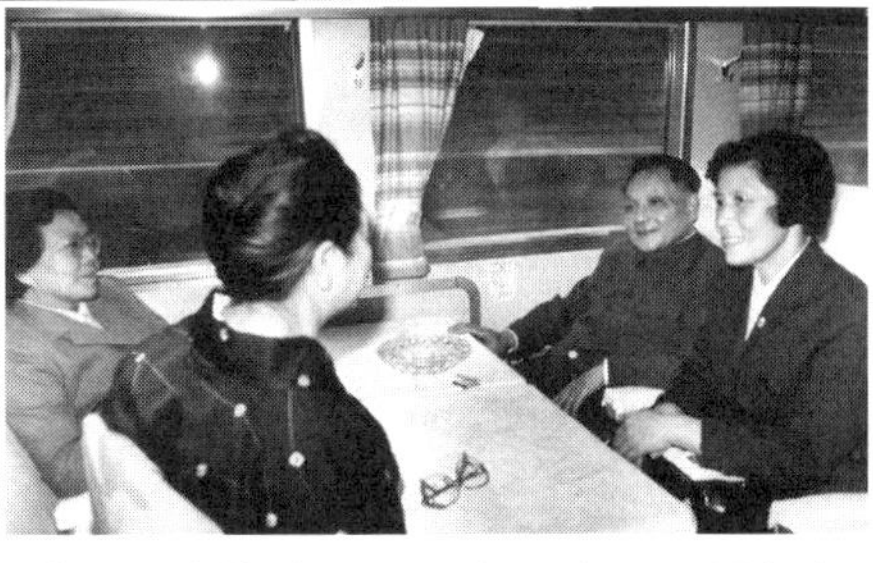

1978年10月23日、来日した鄧小平は昭和天皇に謁見した。天皇は「両国の長い歴史の中で、不幸の事件もございました」と謝罪の言葉を述べた。鄧小平は「このとき背中を電流が流れたようだった」と述懐した。このあと初めて新幹線に乗った鄧小平は、「ムチで叩かれ追われているかのような速さだ」と述べた。これが現在の中国の大新幹線（和《わ》諧号《かいごう》）網につなった。

チ・パーティー・システム）となり、普通選挙制度（ユニヴァーサル・サフレッジ）を実施する。私はこのことを、自分の中国本でずっと書いてきた。これまでに私の本を、しっかり読んでくれている人たちは、このことを知っている。

共青団（ここに共産党員が7300万人もいる。現在、9700万人いる中国共産党員のうちの実に72％だ）は、人民思いの優しい者たちだ。彼らは、ソフトな欧米を模倣《もほう》する市場経済優先（小商売《こ》をする民衆に優しい）、国内の経済成長優先だ。

習近平は「共青団では戦えない。彼らには、若い頃の地獄の体験と、苦労が足りない」と言う。習近平は鬼になって、自ら戦争を指揮する態勢を急速に整えつつある。時事通信の記事を紹介する。

「中国で地位低下進む共青団　創設100年、記念行事なし」

中国共産党が指導する青年組織、共産主義青年団（共青団）が、1922年5月の創設から100年を迎えた。

かつてはエリート集団とされ、胡錦濤前国家主席ら多くの指導者・幹部を輩出したが、習近平国家主席（党総書記）は影響力排除に力を入れてきた。（今年は）節目の年にもかかわらず、共青団の地位低下を表すかのように大規模な行事は開かれていない。

団《だん》創設100年となった5月5日、党機関紙の人民日報は、各地の共青団の活動を短く紹介する記事を掲載した。創設90年の2012年には国家主席だった胡錦濤氏が出席し、盛大に記念式典が開かれたのとは対照的だ。今年の記念日の地味な扱いは、「組織が形骸化している」と団を批判してきた習氏の意向を反映している可能性が高い。

共青団は2012年末には8990万人の団員を抱えていたが、2021年末には7371万人まで減少した。団トップを務める賀軍科《かぐんか》・第1書記は今年4月下旬、「新時代の中国青年」と題した白書の記者会見に出席し、久しぶりに表舞台に姿を現したが、創設100年については控えめに触れたのみ。賀氏は「習総書記の重要思想を深く貫徹し、党大会の開催を勝利で迎える」と、習氏に対する「忠誠」を強調した。

次期指導部人事を決める今秋（10月）の党大会は、共青団出身者の去就《きょしゅう》が焦点の一つだ。現《げん》指導部では、李克強首相や胡春華《こしゅんか》副首相らが（共青団のトップである）第1書記の経験者。李首相は憲法の規定により2023年3月で首相任期を終える。胡副首相は実務能力の高さに定評があり、首相候補と目されてきた。ただ、3期目を目指す習氏は共青団出身者を外し、自らの側近を重用しようとしているという見方が強い。

（時事通信　2022年5月8日）

このように、共青団は共産党員の72％の7300万人もいる。しかし、今回のトップ人事でまったく力がないことが判明した。これまでの習近平体制下の10年（2012年から）でも共青団の研修所を取り潰すなど、さまざまな共青団への嫌がらせがあった。しかし、それに対して共青団は一切、抵抗しなかった。

そして今回、権力の座から完全に外された。それでも何ら反撃しない。ここからが私の謎ときだ。李克強たちは戦争が近づいているという認識で、習近平と変わらない。しかし、自分たちは核兵器などの大量破壊兵器を発射できない。お坊ちゃん、お公家さん集団だからだ。このことを重々分かっている。

そこで、

「私たちでは核兵器は使えない。だから、そういう汚れ役や悪役の何でもできる習近平たちに任せる」

と考えたのだろう。

そして、中国にとっての厳しい時期をなんとか乗り越えて、２０２７年、習近平の３期目が終わりデモクラシーが導入されるから、そのとき中国人民の気持ちがわかる政党として、習近平たちと政治競争をやっていくのだ、と。

新しい指導者はどういう人物が選ばれたのか

共青団が完全に排除されて、新しい中国の指導部７人「チャイナセブン」の顔ぶれが決まった。この７人は習近平以外は、これまで名前が知られていない者が４人いる。彼らのことはあとの写真で詳しく説明する。

それでもはっきりわかったのは、今や世界中のメディア（テレビ、新聞）で言われていることだが、ほとんどが習近平のすぐ周りにいて、家来のように付き従った人たちばかりだということである。

習近平に次ぐナンバー2で次の首相（国務院総理）になる李強《りきょう》（P95に写真）は、「之江《しこう》新軍《しんぐん》」と言われる。福建省に17年いたあと、2002年に浙江省の党委書記になった習近平に秘書として横についた男だ。ここから出世した人物だ。真面目な感じで、あんまり面白みもなさそうな、生真面目一本の感じの男だ。浙江省の大学を出ただけだから、エリート出身というわけはない。

ナンバー3の趙楽際《ちょうらくさい》は、前の5年間も「チャイナセブン」にいた人物だ。彼は、自分も出身である陝西省《せんせい》（延安）に、習近平のお父さんの習仲勲《しゅうちゅうくん》の巨大な墓を作った。皇帝陵墓と同じようなものを作った人物である。日本人がよく知っている内陸部の西安《シーアン》（唐の時代の長安《ちょうあん》）のそばの出で、その辺を陝西省という。日本人で中国旅行をした人は北京、上海の次はだいたい西安に入っている。私も二度行っている。その次に有名なのは広東省で、その南が深圳《しんせん》、香港だ。

趙楽際は、この陝西省の方言が抜けずに、丸出しでしゃべっているそうだ。日本で言えば、ズーズー弁といったら嫌われるだろうが、東北弁のようなものだと思う。ズーズー弁という言葉は日本語として消えたかもしれないが、他に言いようがないので、こう書きます。名古屋弁、大阪弁、九州弁と言われても困るだろうから。

序列第2、3位。次の国務院総理となる李強《リチャン》。腐敗撲滅の司令塔だった趙楽際《ジャオルージ》

1959年、浙江省生まれの63歳。2011～16年まで浙江省委員会の副書記。「之江新軍」と呼ばれる習近平が浙江省トップだった時代の部下の1人。2年半にわたり、秘書長として習に仕えた。「習氏の目の動きだけで要求がわかった」という評価もある。17年、韓正の跡を継ぎ上海市委書記となった。「ゼロコロナ」を掲げる上海で、住民の激しい抗議にあう。

1957年、青海省生まれの65歳。北京大学卒業。陝西省党委書記だった2007年、習近平の父、習仲勲の故郷にあった墓を巨大な陵墓に改造。中国西部の青海省や陝西省でキャリアを重ね、習近平が総書記に就任した12年に、中央に抜擢。前任者の王岐山に続き腐敗撲滅運動を継続し、司法警察の大物などを摘発。強い陝西地方のなまりが特徴。

習近平は、この趙楽際の朴訥《ぼくとつ》な方言が大好きらしい。習近平も15歳（1969年1月）でここに下放《かほう》されて、農民たちとドロまみれになって農作業を4年間（20歳まで）やらされて、ここの言葉を覚えたはずなのだ。1975年（22歳）のとき、北京の清華大学に入学を許可された。

習近平は、父親が早く失脚（1962年）したとき9歳だ。政治動乱が続いて荒れていた北京で、一応、幹部の子どもたちが行く八一中学校に入るのだが、実際には、ほとんど勉強らしい勉強をしていなかったらしい。

1966年（13歳）からは文革《ぶんかく》（文化大革命）の動乱が起きるから、さらに勉強どころではない。習近平は、紅衛兵たちに「反《はん》党分子の息子」として、しょっちゅう殴られていたという。習近平は自分の身を守るために、ナイフをポケットに入れていた。「こんなに殴られるのなら、下放で田舎に行ったほうがましだ」と言ったという。習近平だけではない。当時の中国人たちの地獄の苦しみを、私たちは知るべきなのだ。

序列第4、5位。“軍師”として政権を支える王滬寧《ワンフーニン》。習近平に絶対忠誠を誓う蔡奇《ツァイチー》

1955年、上海生まれの67歳。81年、復旦大学で法学修士号を取得後、同大学国際政治系教授。95年、曽慶紅らの推薦で江沢民が登用。江沢民、胡錦濤時代の重要理論の起草に関与した。2007年、中央書記処書記、12年に党中央委員に選出。「中華民族の偉大なる復興」「中国夢」など習近平政権の国家スローガンを考案した。

1955年、福建省生まれの67歳。2004年、台州市党委書記となり、浙江省党委書記だった習近平の下で働く。07年、杭州市党委副書記、市長。16年、北京市党委副書記に転出。22年、北京冬季五輪組織委員会執行主席（会長）を兼務。五輪開会式で習近平を世界に向けて激賞した。17年、北京市党委書記、党中央委員に選出される。

田舎で泥だらけの苦労をした習近平

中国の東北部旧満州のことを東北三省という。日本人は今でも満州というが、日本人が満州というと「偽《ぎ》満帝国と言うのだ」と中国人は訂正する。黒竜江《ヘイロンジャン》省と吉林《ジーリン》省と遼寧《リャオニン》省の3つだ。

こういうことを書くときりがないが、中国東北部は北のほうだから寒いところだ。私もここに12月に行って震えた。

あえて書いておくが、この満州から出た清朝《しんちょう》（大清《しん》帝国）が日本の江戸時代と同じで300年、中国を支配した。だから中国民衆は、江戸時代の徳川家の将軍様の物語と同じように、清朝の皇帝とその周りにいたお妃《きさき》の話が大好きだ。

清朝は満州人（女真人《じょしん》）の支配王朝だから、今の北京語（普通語）というのは、満州人貴族が使っていた言葉である。それが今も一番きれいな中国語ということになっている。不思議な話だが、中国は異民族（遊牧民）が支配して王朝を作ることが多かった国なので、隋も唐も北魏も漢民族と言ってみても、誰が正確な漢民族か分からなくなっている。

序列第6、7位。官房長官の役目を担った丁薛祥《ディンシュエシャン》。虎もハエも叩く役目を担う李《リ》希《シ》

1962年、江蘇省生まれの60歳。99年から上海市政府でテクノクラートとして要職を歴任し、2007年5月に上海市党委員会秘書長となり、上海市党委員会書記時代の習近平を支えた。17年の中国共産党第19回全国代表大会で政治局委員に抜擢され、党中央弁公庁主任などを歴任。習近平の外遊にも必ず同行するなど側近中の側近とされる。

1956年、甘粛省生まれの66歳。陝西省などでキャリアを積み、2015年には遼寧省トップに昇進。選挙や経済統計をめぐる不正への対応が評価されたともいわれる。17年に序列トップ25人の政治局員に選出されると、広東省のトップに昇進。党大会で中央委員とともに選出された。中央規律検査委員会のメンバーにも選ばれ、中央検査委員会トップになるとも言われている。

私が北京で聞いたら「そこにいる、あの女性の顔が漢民族の顔ですよ」と教えてもらった。若い女性なのだが、四角い将棋の駒のような顔をして、眉毛がくっきりしっかりして、いかにも、という顔だった。だから、本当に漢民族がいるんだと分かった。

しかし、ほとんどの中国人は遊牧民《ノウマド》（異民族）と混じっているので、今さら純粋な漢民族だと言っても仕方がない。だから満州貴族とは満大人（まんたいじん。マンターレン。さらにこれがマンダリンになった）なのである。

ドイツの中国学者たちが、このマンダリン mandarin という言葉を重要視したから、これがヨーロッパから世界中に広がった。このマンダリンが今の北京官話《かんわ》（普通話《プートンファ》）であり、中国の標準語のことだ。同じく、中国の高級官僚（太監《たいかん》と言う）のことを指す。もとは満大人という言葉だから満州貴族という意味だ。このことは、石平氏が私に教えてくれた。私たち日本人は、もっともっとこういう当たり前の「なるほどなあ」という知識を知りたいのだ。

これと同じように、西のほうの西安の周りの陝西省のズーズー弁を話している人たちの特徴があるのだろう。きっと西方異民族の言葉と混ざっている。これから習近平の活躍と

習近平の父の習仲勲は、1978年まで16年間、政治復帰していない。洛陽《らくよう》で軟禁

1975年10月に清華《せいか》大学に入学した習近平（前列中央。22歳のとき）。陝西省への7年間の下放《かほう》から北京に帰って来て、大学で化学工業を専攻した。79年3月卒業（25歳）。

並んで、趙楽際のズーズー弁が語られるようになるだろう。当然ながら、習近平は自分のお父さん、習仲勲からも、このズーズー弁を聞いている。

習近平は北京生まれ、育ちで、自分と同じように1968年の12月から、毛沢東の大号令で、1600万人の都会の金持ちや官僚の息子たちが、中国奥地の農村地帯に送り込まれ大変な苦労をした。

習近平は、泥だらけの穢《きたな》い農村のヤオトンと言われる洞窟で暮らした。ダニやノミに食われたはずだから、皮膚がただれて大変だったと思う。

習近平の父親の習仲勲は、少数民族を大事にしようとか、共産党内でいろんな意見を発言する権利がある法律「異論保護法」を作ろうとするとか、一党独裁体制をやめて何とか欧米型の自由主義の国家にしようと努力した人だ。

だが、そのために習仲勲は何回も失脚してひどい目に遭った。合計16年間、監禁と監視される生活を送った。それでも党の大幹部だから、毛沢東の指図《さしず》もあって、幽閉されたような感じで、ほとんどの期間、軍の施設や療養所にいたようだ。これらの事実は、遠藤誉《ほまれ》女史の大変すばらしい『習近平 父を破滅させた鄧小平への復讐』（ビジネス社刊、2021年）という本から、私は細かく知った。

新中国を作った毛沢東と周恩来を除く中共“八大元老《はちだいげんろう》”。皆、走資派として文革《ぶんかく》中に弾圧され辛辣を舐《な》めた

鄧小平《とうしょうへい》（1904〜97）

習仲勲《しゅうちゅうくん》（1913〜2002）

薄一波《はくいっぱ》（1908〜2007）

陳雲《ちんうん》（1905〜95）

鄧穎超《とうえいちょう》（1904〜92）

楊尚昆《ようしょうこん》（1907〜98）

李先念《りせんねん》（1909〜92）

万里《ばんり》（1916〜2015）

鄧穎超は周恩来の妻。他に宋任窮《そうじんきゅう》(1909〜2005)、王震《おうしん》(1908〜93)、彭真《ほうしん》(1902〜97)を八大元老に入れる場合もある。80〜90年代に復帰した。習近平は国家主席就任(2012年)以来、後続する長老たちの力を削ぐことに力を入れている。

この本の内容を、さらに日本人向けに私が解説する本は来年出します。ものすごく重要な本だからである。

習近平は文革のさ中《なか》、北京の中学校で同年代の少年から殴られたり、ケンカしたりしていた。パージされている党幹部の息子だから、その運命を受け入れるしかなかった。習近平は「このまま北京にいたら殺される」と下放を喜んだという。今の私たちから考えても、この時期の中国人の苦労は大変なものだったと思う。

何度も書くが、習近平と私は同じ年齢である（1953年生まれ、現在69歳）。だから習近平がたどった69年間の年輪を自分と重ね合わせて考える癖がついている。あの習近平のふてぶてしい感じを、私は自分とそっくりだと思う。

習近平が急激に出世して2008年（55歳）国家副主席になっても、横柄で、愚かなことを言う人物としてバカにされていた。たとえば、訪問先のスペインで「欧米白人たちは、たらふくご飯を食べているから、私たち貧しい中国人をバカにするのだ」と口走って、外国メディアから顰蹙《ひんしゅく》を買ったこともある。

習近平は、少年時代にひどい目にあったとはいえ、党の大幹部の息子だからさっさと保護されて、早めに日の当たるところに出てきただろう。それでも少年時代に辺境の地で4年間も泥だらけで労働をしていると、それなりの根性が身につくはずだ。ド田舎で生きるとはそういうことだ。

だから私は、習近平は中国の最高指導者に相応《ふさわ》しいのだ、と思う。下から這《は》い上《あ》がる根性と、自力で苦境に耐えて生き延びる知恵を身につけているのだ。

習近平はまだまだ虎もハエも叩くことをやめない

習近平が2012年に党の総書記と国家主席に就任（59歳）してすぐに力を入れたのが、反腐敗《ふはい》運動であった。習近平自身の政敵である薄熙来《はくきらい》や、上海閥の幹部のワルであるトップの序列第9位でもあった周永康《しゅうえいこう》までも捕まえた。「トラ（大物）もハエ（小物、下級役人）も叩くと号令して、副首相で党の中央規律検査委員会《きりつけんさいいんかい》を握った王岐山《おうきざん》に厳しい摘発をやらせた。

2020年には、先輩である王岐山（5歳上）の子分（関係《グアンシ》と言う。日本の派閥である）たちまでも捕まえた。

習近平は、自分に対して親分風《かぜ》や先輩風《かぜ》を吹かす者たちでも、容赦なく追い詰めた。だから幹部たちは、習近平を畏《おそ》れるようになった。反腐敗の取り締まりをやってくれるので、中国の民衆は、習近平を賞賛した。

一方で独裁者として嫌われ、恐れられているのも事実である。生《なま》の現実の政治はキレイ事《ごと》ではない。

大物ばかり逮捕されるような状況にならず、ほとんど報じられなくなった党大会が終わった今も、習近平は熱心に腐敗撲滅に取り組んでいるのだ。

「中国共産党、人民銀副総裁を調査　規律違反の疑い」

中国共産党の中央規律検査委員会は11月5日、中国人民銀行（中央銀行）の范一飛《はんいっぴ》副総裁を「重大な規律・法律違反の疑い」で調査していると発表した。范氏は6人いる副総裁の一人で、2015年から現職を務めている。それ以前は中国建設銀行と中国投資有限責任公司（CIC）で要職を歴任した。中央規律検査委は、調査の詳細を明らかにしていない。同委は今年5月、人民銀行金融政策局を率いた孫国峰《そんこくほう》氏を規律・法律違反の疑いで調査していると発表していた。
（ロイター　2022年11月7日）

これから反腐敗を担当し継続するのは、序列第7位の李季《りき》となるだろう。

第3章

台湾で戦争を起こしたいのはネオコン、ディープステート、そしてカバールだ

習近平の横綱相撲で終わった米中首脳会談

２０２２年11月14日、インドネシアのバリ島の観光名所ヌサドゥアで、Ｇ20に合わせて、習近平、バイデン両氏にとって初めての首脳会談が開かれた。この大事な時期に、何を話したのか。よくまとまった記事があったので紹介する。

「「レッドライン」台湾での衝突回避へ
米中首脳が意思疎通維持確認」

バイデン米大統領と中国の習近平国家主席は11月14日、インドネシア・バリ島で約3時間にわたり会談した。台湾海峡をめぐる軍事的な緊張が高まる中、バイデン氏は互いの「レッドライン（越えてはならない一線）」を探り、大国間の競争の管理を図った。米政府の発表によると「両氏は衝突を回避するために、それぞれの高官に権限を与え、意思疎通を維持することで一致した」。

最新の米中首脳会談。「台湾そのものがレッドラインである（アメリカは手を出すな）」と習近平は言った

2022年11月14日、インドネシアのバリ島で行われたG20会合に合わせて、習近平とバイデンは首脳会談をした。「台湾はレッドラインである」とバイデンにはっきり言った。ただし核戦争をしないことを強調した。「金融・経済での潰《つぶ》し合いはやめよう」とも言った。

対面による米中首脳会談は、バイデン氏の大統領就任（２０２1年1月）以降で初めて。両氏は11月15～16日に開催される主要20カ国・地域首脳会議（G20サミット）に合わせバリを訪問していた。習氏にとっては、10月の共産党大会後に3期目の新指導部を発足させて以降、初の外遊となった。

米政府の発表によると、バイデン氏は「（米中間の競争が）紛争に発展してはならない」と繰り返し強調。気候変動や食糧安全保障などグローバルな課題で米中が協力して取り組む必要性を訴えた。両氏は両政府による作業部会を含め、米中間の問題に対処する努力を引き続き行うことで合意した。ブリンケン米国務長官が中国を訪問し、首脳会談での議題を引き続き中国側と協議する。

米中の最大の懸案は台湾問題だ。ペロシ米下院議長による8月初旬の訪台《ほうたい》に、台湾を領土の一部とみなす中国は猛反発。以後も、台湾周辺での軍事活動を恒常化させている。

バイデン氏は、会談で「中国が台湾に対して攻撃的な行動をとっており、地域の平和と安定を損なっている」と懸念を伝えた。一方で、台湾を領土とみなす中国の立場に異を唱えない「一つの中国」政策（引用者注。ワン・チャイナ・ポリシー One China

Policyと言う）を堅持することも改めて強調した。

（それに対して）中国は「（米国に）中国の内政（引用者注。台湾は中国の国内問題である、の意味）に干渉する権利はない」（中国外務省報道官）と反発している。台湾を「核心的利益」と位置付ける中国にとって譲歩する余地はなく、米中の溝が埋まる見通しは立っていない。（中略）

ロシアによるウクライナ侵攻を巡っては、習氏は、11月4日に北京で訪中したドイツのショルツ首相と会談した際に「核兵器使用に反対」すると表明し、欧州の懸念に寄り添う姿勢を示している。ただ、米国に対抗する上でロシアと協調する（中国の）姿勢は崩していない。会談で両氏は、「両首脳は核兵器の使用や威嚇に反対する」ことで一致した。

核・ミサイル開発を進める北朝鮮情勢については、バイデン氏が「国際社会の全メンバーが北朝鮮に責任ある行動を促《うなが》すことに関心を持っている」と述べた。米国は、北朝鮮が近く7回目の核実験に踏み切ると危機感を募らせている。またバイデン氏は、中国新疆《しんきょう》ウイグル自治区や香港、チベットでの人権問題について懸念を表明した。

米中は貿易問題でも対立を続ける。バイデン氏は、中国の知的財産権の侵害や、政府による巨額の産業補助金や国有企業の優遇などの不公正な貿易慣行を問題視しており、会談で改善を迫る方針を示していた。

（毎日新聞　2022年11月14日）

この毎日新聞の記事は、現在の米中関係と、東アジア（極東《ファーイースト》）の政治的緊張の懸案《けんあん》事項《アジェンダ》を網羅的によくまとめてくれていて助かる。

首脳会議というのは、このように、懸案事項をひとつずつ次々と議題《アジェンダ》に載せて並べて、次々に互いに自国の主張を、それぞれが言いっ放しにすることだ。

それに対して相手方は、「（同意はしないが）考えを聞くだけは聞いた」という態度に出る。

それで終わりだ。

台湾は平和的に中国の1つの省となる

日本人は、中国との関係で台湾問題を大変気にしている。

台湾で戦争が起きるのではないか、という心配をしている人たちが多い。かつ日本政府も「台湾有事《ゆうじ》」という言葉を使って、それに対して今にも自衛隊（日本軍）を台湾に派遣するかのような口ぶりで、防衛（軍事）の問題を公然と審議会等で議論している。

それに対する、日本への中国の最新の対応は次のようなものである。記事を貼る。

中国国防省　日本に対し「台湾問題に手を出すな」

日本政府が年末までに改定する「国家安全保障戦略」に台湾情勢が言及される見通しであることに対し、中国国防省は「台湾問題に手を出すな」と反発した。

中国国防省は10月27日の会見で、日本が改定を予定している「国家安全保障戦略」について、台湾問題への言及を巡り「中国の軍事的脅威をあおり立てるもので、下心《したごころ》があり無責任だ」と批判した。

そのうえで、台湾問題は「中国の内政だ」と強調し、「日本は台湾問題に手を出すな」と釘を刺した。

また、アメリカに対しては、年末までに台湾への追加の武器売却を発表するとの報道を巡り、「（引用者注。台湾の中国への）平和統一への障害であり台湾海峡の緊張と衝突のリスクを高めている」と非難した。

（テレビ朝日　2022年10月27日）

この記事に有るように、中国は日本に対して「台湾問題で口を出すな」「台湾に手を出すな」とはっきりと言っている。台湾は中国の領土《テリトリー》であって、日本があれこれ自国の防衛問題として論議するなど許さない、ということだ。

先に私の結論を言っておくが、台湾情勢ではこれ以上、何も起きない。だから、何も心配いらない。

中国は大人だから、台湾とワシントンの Moonie（統一教会。法輪功《ほうりんこう》も）勢力の扇動、挑発（provocation プロヴォケイション）になど乗らない。騙されない。

「台湾に中国軍が攻めて来る。侵略だ！」とさんざん何年も書いて、扇動してきたのは、まさしく統一教会 Moonie たちだ。日本のメディアにも潜り込んでいる、統一教会系のジャーナリスト、言論人を気取っている連中がやっているのだ。

台湾は、これから5年後には、平和的に中国の24番目の省である「台湾省」（たいわんしょう）になっているだろう。何の問題もない。

8月4日に、ナンシー・ペロシ米下院議長が訪台《ほうたい》して台湾を離れた直後に、台湾の周囲を中国海軍がぐるりと取り巻いて、6つの個所で軍事演習《ドリル》をやって実弾のロケット砲と弾道《バリスティック》ミサイルを数百発撃った。

こうして、法輪功という反共《はんきょう》宗教団体に属する蔡英文《さいえいぶん》総統（あの鼻ぺちゃ姉ちゃん。2022年11月26日、統一地方選敗北で民進党主席辞任を表明）たちを蒼《あお》ざめさせた。それ以上は中国軍はやらない。それでピタリとやめた。

それでも、もし台湾軍がミサイルを撃ってきたら、それに対してはすぐに反撃して、基地ごと撃滅するだろう。それで、停戦（シース・ファイア cease-fire ）だ。

中国が本気になったら、2時間で台湾軍の30万の兵を地対空《ちたいくう》ミサイル基地ごと吹き飛ばして殲滅《せんめつ》することができる。

今の台湾の蔡英文たち民進党《みんしんとう》の前は、穏《おだ》やかな親中国派の国民党の馬英九《ばえいきゅう》政権だった（2008年から2016年まで）。蔣介石《しょうかいせき》が1949年に共産党軍に敗れて台湾に連れて来た国民党《グオミンタン》だ。台湾国民党は今は親中国《プロウ》になっている。台湾人の8割、9割は「私たちは中国人だ。きれいな普通語《プートンファ》（北京官話）をしゃべっている。中国が繁栄をこのあとも続けるなら、私たち台湾も、そのなかで生きていければ、それでいい」と考えている。

蔡英文たち狂った台湾独立（したい）派で、反《はん》中国派の台湾人《タイワニーズ》が、今は政権を握っている。しかし、これを次の総統選挙（2024年）でひっくり返せば、台湾人は静かに穏やかに台湾「省」人になっていく。この道を歩んでゆく。

ただし、台湾人《タイワニーズ》のなかで、どうしても中国共産党の支配を受け入れない、という人が1000万人ぐらいいる（人口2400万のうち）。この人たちは、外国に出て行くしかない。それしか選択肢はない。彼らはカリフォルニア州に移住するだろう。

中国が2022年8月、22年ぶりに発表した『台湾統一白書』（正式タイトル「台湾問題と新時代の中国統一事業」）についての記事を紹介する。

「米国への名指し批判が大幅増　中国22年ぶりの「台湾白書」の中身は」

中国政府は、2022年8月10日、台湾問題に対する政府の姿勢を表す22年ぶりの白書「台湾問題と新時代の中国統一事業」を発表した。台湾の民進党政権が米国と結託して「独立」の動きを強めているとして、米台への根深い不信を示した。平和統一

2022年8月3日、台湾訪問を強行したナンシー・ペロシ米下院議長(2023年1月で終わり)は、総統の蔡英文にさかんに中国への挑発《プロウヴォケイション》(provocation)を唆《そその》かした

ペロシは自分の引退の花道を飾るため、こんな危険な行動に出た。このことに怒った中国が台湾を軍艦で包囲してロケット弾(短距離誘導ミサイル)を浴びせた。台湾人たちは黙ってこの事態に耐えた。

が台湾問題解決の「最良の方法」と強調しつつ、「武力統一」の可能性にも改めて言及した。

台湾をめぐっては、ペロシ米下院議長が今月2日に台湾を訪問したことに、中国側が激しく反発している。白書は「祖国統一を追求する中国共産党と人民の確固たる意志と強い決意を示すためだ」と発行の理由を記した。白書によって国内外に中国の立場を改めて示すとともに、米台の接近を強く牽制（けんせい）する狙いがあるとみられる。

白書は、序文で「台湾統一は揺るぎない歴史的任務だ」と強調。「（台湾の）民進党《みんしんとう》当局はある時期以来、台湾独立活動を強化し、一部の外部勢力は中国の完全統一と中華民族の偉大な復興を阻止しようとしている」との認識を示した。「民進党が両岸《りょうがん》（中台）の緊張をつくっており、これは必ず取り除くべき障害だ」とした。

22年前の白書と比べると、特に米国を名指しで批判する内容が大幅に増えた。米国は「台湾独立を支持しない」（引用者注。1972年の米中首脳会談と1979年の国交正常化に従う、ということ）との姿勢を示しつつも、（引用者注。その後、中国に対して敵対的な態度に出て）台湾との公的往来を増やし、軍事協力を強化するなど「実際は逆行

台湾は中国のレッドラインだ。中国から攻めることはない。ただしアメリカが手出ししたら、即座に戦争となる

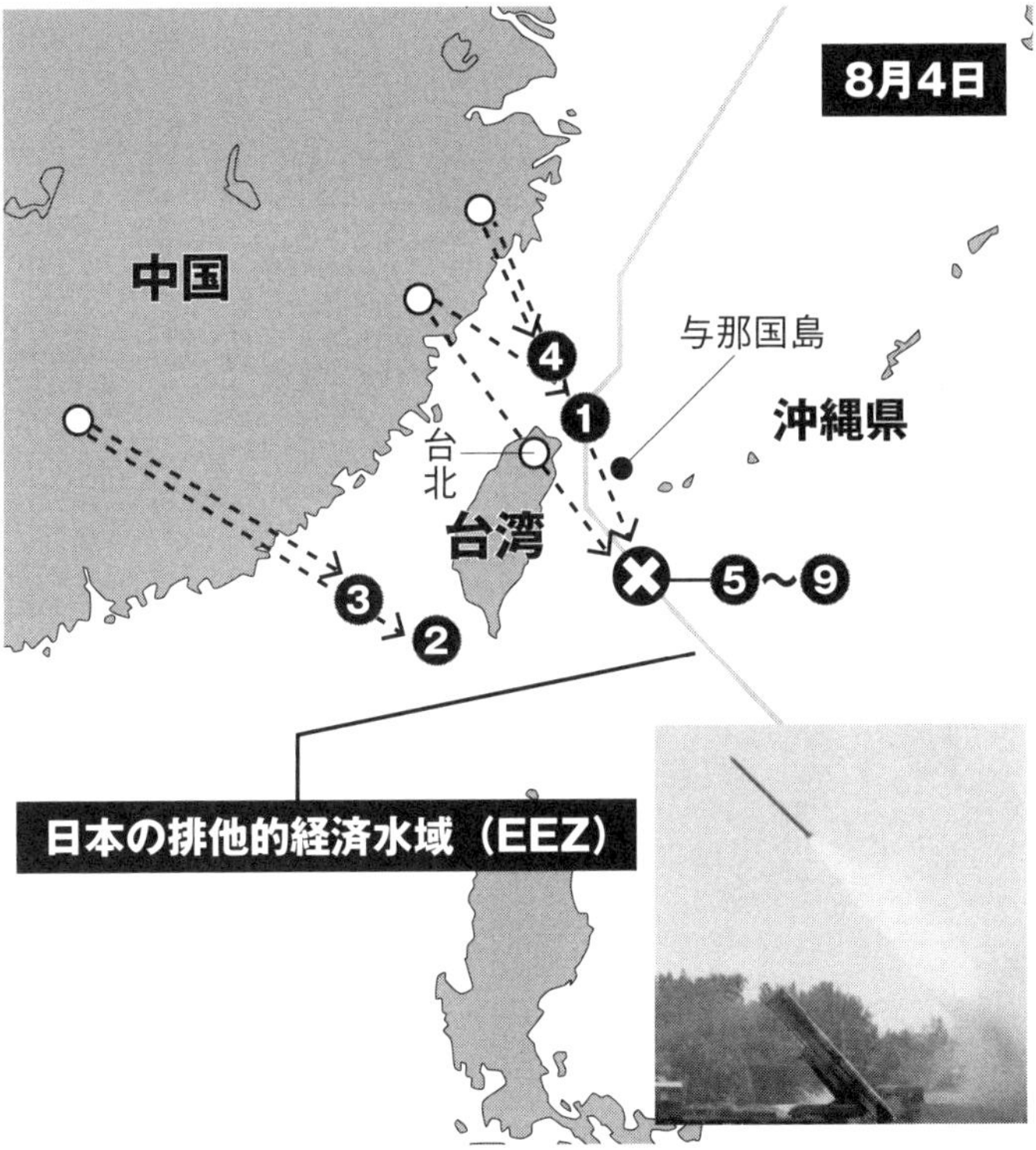

2022年8月4日。ナンシー・ペロシが台湾を離れた直後、中国は「重要軍事演習」を行い、台湾周辺海域に10数発の短距離弾道ミサイル「DF(東風《ドンフェン》)15」を発射。日本が主張するEEZにも着弾した。沖縄の米軍への強烈なメッセージでもある。

する動きをとっている」と指摘した。中国を「最重要の戦略的競争相手」と見る米国が、「台湾問題を利用して中国を制御する動きを強めている」と訴えた。

両岸の歴史的関わりに触れて「台湾は古来、中国の神聖な領土だ」と主張。「平和的統一と台湾に一定の自治を認める一国二制度の採用を基本方針だ」としたうえで、「台湾の独立や外部勢力の干渉に対しては武力の使用は放棄しない」と改めて記した。

北京の中台関係の研究者は、白書について「原則は変わっていないが、台湾問題への関与を深める米国を強く意識した内容だ」と指摘する。

ペロシ氏の訪台後、中国軍は台湾周辺の空海域で前例のない大規模な軍事演習を実施し、台湾海峡をめぐる緊張は高まっている。

白書の骨子

・台湾は古来、中国の神聖な領土。祖国統一は共産党の揺るぎない歴史的任務だ。
・民進党は台湾独立を企て、両岸関係に緊張を招いている。必ず排除されるべき障害だ。
・中国は現在、世界第2位の経済大国となり、政治、経済、文化、科学技術、軍事で大幅に実力を増した。台湾と中国を再び分裂させるのは不可能である。

・外部勢力の干渉は中国統一のプロセスを進める上で突出した障害。米国は台湾独立勢力を扇動し、両岸関係に緊張と混乱をつくりだしている。
・平和統一は台湾問題を解決する第一選択肢。非平和的方法はやむを得ない状況での最後の選択だ。

（朝日新聞　2022年8月10日）

この記事からも分かるとおり、今の台湾の情勢は、ウクライナと全く同じだ。ウクライナ人は　ロシア人（Russi ルーシ）の一種で、コトバもほとんどロシア語と通じるくせに、「いや、ウクラナイナは、ロシアとは違う。独立国（主権国家）だ」と言い張っている。

ウクライナの人口4300万のうち、外国に避難した900万人のなかの600万人が、親戚とかを頼ってポーランドに避難している。ポーランドのほうがウクライナと共同国家を作っていい、と思っている。

言葉の障壁も、あまりないようだ。「ポーランドで使われているウクライナ語」というのを、ゼレンスキーがわざとテレビ演説で、自分の機転で「ここからはポーランド人向け」と、しゃべるのを私は聞いたことがある。彼らは同じカトリック教徒だ（東方典礼《てんれい》派という)。

では台湾はどうか。まず、一体どこから、どうやってアメリカ軍が台湾を応援に来るんだ、という問題を考えなければならない。グアムのアンダーセン基地か、沖縄の嘉手納《かでな》基地から飛んでくるしかない。今のフィリピンのクラーク基地には、戦闘機(艦上爆撃機。艦爆=かんばく)も爆撃機も置いていない。

遠く離れた(9000㎞ある)アメリカ本土からでは兵站《へいたん》(ロジスティクス。補給線)が長すぎるから、アメリカ政府は台湾を守れない。守る気もない。それなのに、台湾に中国を刺激するよう唆《けしか》ける。今の台湾人たちはバカなのだ。アメリカに騙されて、「守ってやるから」と、唆けられている。

ウクライナ人が、イギリスとアメリカに騙されて、悲惨な戦争をさせられているのと全く同じだ。賢い、賢明な、知恵のある台湾人たちは、そう思っている。

台湾のなかの100万人の経営者が、中国本土に工場(主に対岸の福建省《ふっけん》)を持って、中国で商売をやっている。中国なしで、どうやって、台湾が生き延びてゆけるのか。

アメリカは、「軍事支援(武器援助)だけは、どんどんするから。台湾よ、自力で頑張れ。

台湾人の多くは、中国に勝てると思っていない

戦争になったら、中台のどちらが勝つか？

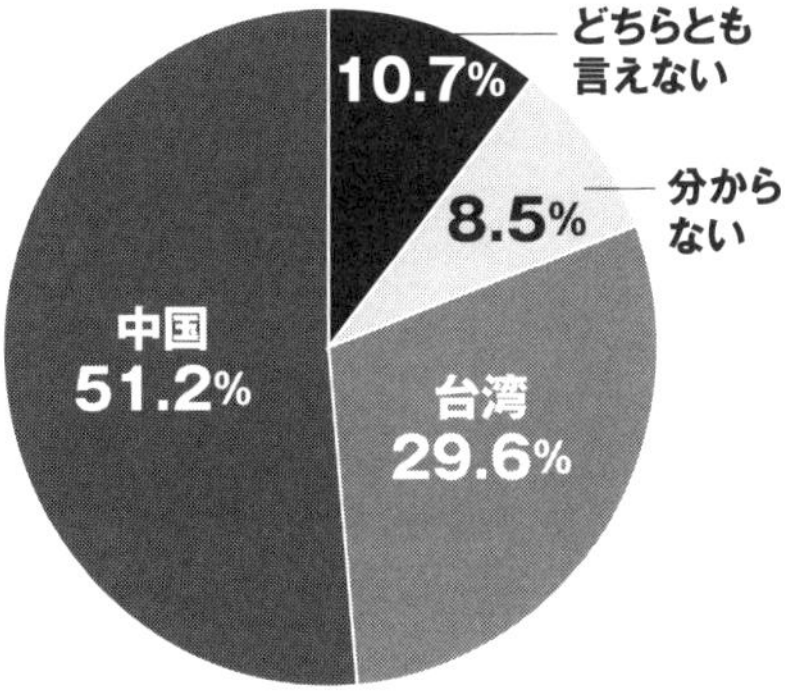

アメリカが台湾を防衛してくれると信じているか？

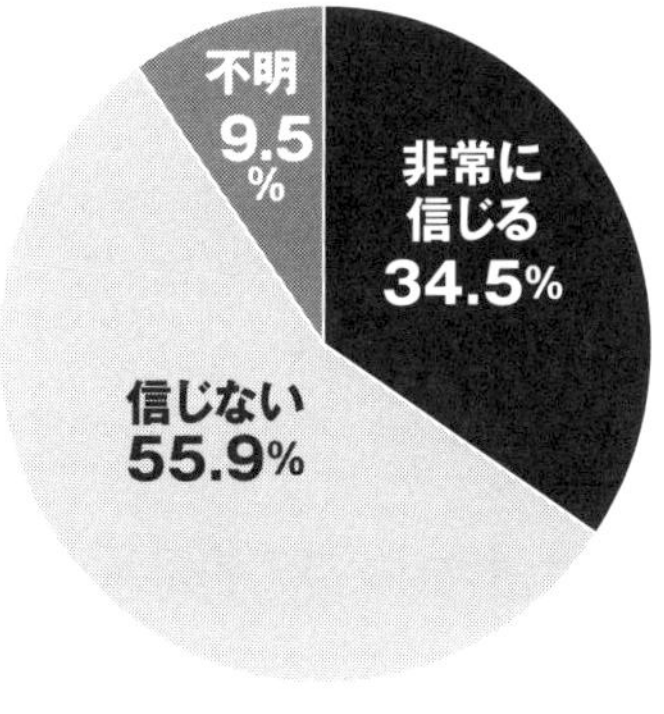

台湾省人への世論調査。上は9月のアンケート結果。台湾が本当に中国の侵攻を阻止できると思っている台湾人は3割。下は5月の調査結果。アメリカ軍が助けに来るとは思っていない。

頑張って、中国と戦え」である。何と無責任な態度であることか。

アメリカの超支配層であるディープステイトとカバールは、とにかく「中国を台湾におびき寄せて戦争をさせろ」という卑劣な考えである。しかし、中国は賢いからこの手には乗らない。そして、今の米軍の軍人、兵士たちは、「もう外国のための戦闘で自分たちは死ぬ気は全くない。微塵《みじん》もない」と考えている。

台湾は国家ではない

だいたい、台湾は国家ではない。前述したとおり、世界中が国だと認めていない。中国の一部である。日本もこの考えだ。台湾を国家だと認めているのは、バヌアツとか、どう考えても一人前の国とは思えない、微小《びしょう》国家が14カ国あるだけだ。

台湾（中華民国）は、×国連（本当は、連合諸国。the《ザ》 UN《ユーエヌ》 the United Nations ）から、1971年10月に追放された。国連総会（ジェネラル・アセンブリー）での決議で、追放、除名（エクスコミュニケイション）されたのである。この時は、アメリカ政府（ニクソン政権）が、連合諸国からの台湾追放を主導した。

翌年の1972年2月にニクソンが訪中（その前にキッシンジャーの隠密外交があった）し、毛沢東と会談して国交回復の話を進めた。その前に、「中国は一つの国だ。台湾は国ではない。中国の一部だ」の約束が出来た。それを今ごろになって、ディープステイト、カバールたちがひっくり返そうとしている。

日本のテレビ、新聞と国際政治の専門家たちは、この一点を決して言わない、書かない。これが、世界（国際社会）で通用している共通知識《コモンセンス》（常識）だ。それなのに、この大きな事実を日本国民に教えない。何という洗脳された国民であることか。これは、もう計画的な知識犯罪だ。

中国が、いくらこのことを正当に主張しても、日本のテレビ・新聞と日本政府は、全く報道しようとしない。お前たちは今や、犯罪者の集団だ。

この「一つの中国《ワン・チャイナ》」の合意を、アメリカのほうが勝手に破って、台湾に「中国とぶつかれ」と嗾《けしか》けている。自分たち自身は、戦う気は毛頭ない。

中国が、このアメリカの嗾けと煽動（ペロシの訪台）に、ただちに反撃した。「ペロシ下院議長の行動は、中国の国家主権（sovereignty ソヴリーンティ。フランス語なら、ソヴランテ）の侵害だ」と怒っている。当然だ。自然だ。もしもう一度、アメリカ政府高官が同じことをしたら、今度は飛行機ごと撃ち落とす。中国は、それくらいの覚悟を既《すで》にした。そして、中国の言っているほうが正しい。ところが、この世界レベルの厳格な判断を出来る人々が、日本は知識層のなかにさえいない。何という、無残な国だろう。

中国海軍のトップであった呉勝利《ごしょうり》（中央軍事委員会委員。海軍司令官もした）が２００７年、アメリカの太平洋軍 ＰＡＣＯＭ《パコム》（パシフィック・コマンド。ハワイ、ホノルルが拠点。この下に第7艦隊＝ザ・セブンス・フリートがある。横須賀が本部）の司令官に向かって、軍人同士の会談の席で、「そろそろ、西太平洋（ウエスト・パック）の管理、支配権を、アメリカは中国に渡したらどうか」と、真顔で提案した。アメリカ海軍の司令官は、「ふざけるな。冗談はやめろ」と返事した。

この西太平洋（ウエスト・パック）とは、台湾もフィリピンも日本も、このなかに入ってしまう太平洋の中国本土寄りだ。アメリカの領土であるグアムよりも西側のすべての海域が、ウエスト・パックである。中国はそれを自分の支配下、管理下に置くつもりでいる。

台湾は自ら中国へと歩み寄っていく

台湾は国民投票（レファレンダム）で、自分たちの多数派意思で中国の一部になってゆく。この道筋を急速に歩みつつある。

台湾企業ＴＳＭＣ《ティーエスエムシー》は今や世界最大、かつ最高級品の「線幅が２ナノ」の最先端半導体を作っている、深圳のファーウェイ、韓国のサムスンとも連携して、このあとも世界最大の半導体企業として、世界を引っ張ってゆくと決まっている。

そして日本のトヨタ、松下（パナソニック）、日立、ＮＥＣ、その他の大企業の経営幹部たちは、この「日本も中国の経済圏の一部に入ってゆく」が、分かっている。日本のハイテクＩＴ産業界はすでに、中国のサプライチェーン（部品供給網。下請け）になっているのだ。この厳然たる事実を認めたがらない愚か者たちが、日本国内で何を書こうが、世界基準からは鼻で嗤《わら》われるだけだ。

日本全国の主に中小企業の経営者たちと、小金持ち（資産家層。ビル、アパート経営）たち500万人ぐらいが、まだ頑《かたく》なに、反共、反中国を言い続けている。しかし、この人たちもそろそろ、「なんで自分たちは、安倍晋三のような韓国、朝鮮を大嫌い、と言ってきたのに、そのくせ、韓国発祥《はっしょう》(発症)の気色の悪い宗教団体の指導者、広告塔を信じ込んで、支持してきたのだろう」と、自分で自分の頭に向かって、自問自答している最中だ。「自分は、バカだったんじゃないか。あんな、訳《わけ》の分からない死に方、殺され方をした安倍晋三なんかを応援して」と、反省している。だが、とても恥ずかしくて人には言えない。それで、鬱屈《うっくつ》している。あるいは、いつもの厚顔無恥《こうがんむち》で知らん顔をして、すっ惚《とぼ》けて、この恥知らずどもは、また別のことを言い出す。

それに対して、「自分は、真正《しんせい》の保守《ほしゅ》だ」と自任してきた、こっちもおそらく500万人ぐらいいる、このまだちょっとは思考力のある人間たちが、「安倍が死んだ。殺された」で、受けた衝撃を、私は現在も調査、分析中だ。この「思想の転向《てんこう》の研究」は、私、副島隆彦のおハコ(十八番)であり、生涯の自分の思想研究の中心である。

1本だけ、以下に資料として新聞記事を載せておく。

半導体作りで世界一のTSMC《ティーエスエムシー》の創業者の張忠謀《ちょうちゅうぼう》が反中というのは間違い。国民党員で親《しん》中派だ

2022年11月21日。タイのバンコクで開かれたAPEC（エイペック）に台湾代表として参加した張忠謀（モリス・チャン。91歳）は習近平に近寄り挨拶した。「20大の成功を祝福し、愉快で礼儀正しいやり取り」を交わしたという。浙江省寧波《ニンポー》市生まれ。"天才経営者"は、祖国中国との関係を当然重視している。

「ペロシ氏「米台は団結」蔡総統と会談　台湾離れ韓国到着」

ペロシ米下院議長が8月3日、訪問先の台湾で蔡英文（ツァイ・インウェン）総統と会談した。ペロシ氏は「米台の団結を明確にするため訪問した」と述べ、台湾の民主主義を支える考えを強調した。蔡氏は謝意を示し「民主主義の防衛線を守る」と語った。

この訪問に強く反発する中国は、台湾を取り囲む形で軍事演習に乗り出す。ペロシ氏は3日夜、次の訪問先である韓国に到着した。

米下院議長の訪台は1997年のギングリッチ氏以来、25年ぶり。米下院議長は大統領の継承順位が副大統領に次ぐ2位の要職だ。ペロシ氏は会談で「米国は揺るぎない決意で台湾と世界の民主主義を守る」と語った。

「中国本土と台湾が不可分だとする中国の立場に異を唱えないが、台湾の安全保障には関与する米国の一つの中国政策を尊重し、台湾への関与を放棄しない」と強調した。蔡氏は「自衛力を高め、台湾海峡の平和と安定に努力する」と述べた。（中略）

ペロシ氏の訪台を受け中国は猛反発している。王毅（ワン・イー）国務委員兼外相は、3日の異例の談話で「中国の平和的台頭をぶち壊すことは完全に徒労で、（そういう者たちは）必ず頭を（引用者注。万里の長城に）打ち付けて血を流す」とペロシ氏を非難した。謝鋒《しゃほう》外務次官は、2日深夜に米国のニコラス・バーンズ駐中国大使を呼び「強烈な抗議」をした。

台湾の国防部（国防省）は3日、中国軍機27機が防空識別圏（ADIZ）に侵入したと発表した。うち22機が台湾海峡の事実上の停戦ライン「中間線」を、台北に近い北側で越えた。ペロシ氏訪問後、中国軍機の中間線越えが確認されたのは初めて。

中国人民解放軍は即座に対抗措置に動いた。2日夜から、海空軍やロケット軍、サイバー攻撃を担う戦略支援部隊などが台湾の北部、西南部、東南部の空海域で統合演習を実施している。

4日から7日にかけては、台湾を取り囲む6カ所で軍事演習を始める。演習場所は複数の箇所で台湾の「領海」と重なる。そのうえ、台湾海峡の中間線上でも実施する。

1996年の台湾海峡危機の際の演習エリアは4カ所だったが、今回は2カ所増やした。台湾本島から約20キロメートルの空海域も演習エリアに指定されている。軍事的な緊張が高まるのは必至で、偶発的衝突も懸念される。

（日経新聞　2022年8月3日）

それでも中国は、この軍事演習で、台湾人とアメリカを強く威嚇《いかく》したあと、ピタリと動きを止めた。決して、自分のほうから先に手を出すことはしない。

中国を食い物にしたのはそもそもイギリスである

それにしても私が不思議なのは、日本人のなかに「私は台湾を守りに行く。台湾が心配だ」と言っている人々がいるのは何故《なぜ》なのか。ふと考えると日本は昔、台湾を統治していた。台湾人は日本統治時代を懐かしんでいる、と言われている。だが、そんなものは歴史のごくごく一部にすぎない。

アヘン戦争から始まる列強《れっきょう》（ヨーロピアン・パウアズ）の中国進出は、中国人にとっては、何よりも誇り高い自分たちの名誉を傷つけられたのが痛かった。欧米白人の列強《パウアズ》に国土を次々と割譲《かつじょう》されて、「自分たちは一体何なのだ？」とか「どういうことになってしまったのかよくわからない」と悩んだ。

そうしてモゴモゴしているうちに、１９００年代から中国のインテリたちは、大量に日本に来た。当時は日本留学するだけで、科挙《かきょ》の試験に合格したことと同格と見做《みな》された。科挙は１９０４年に廃止されていた。

彼らは、急激に西洋化していた日本から学ぼうと思った。日本が対《たい》ロシア戦争（日露戦争。１９０４～５）に勝ったからということもある。「変法自強《へんぽうじきょう》」の政治改革に失敗した康《こう》有為《ゆうい》と梁啓超《りょうけいちょう》が日本に逃げてきた。彼らは激しい議論をし、中国の行く末を案じながら日本で学んだ。

日本に留学することが良家の息子にとって、大変な名誉だった。たった2年、3年、東京の明治大学や法政大学に留学して卒業したら、中国に帰ると裁判官や官僚になれた。そういう日本崇拝の時代が本当にあったのだ。

彼らは、東京の神田の書店街をうろうろした。それで、日本食（和食）があまりに貧しい、ということで、神田近辺に中華料理屋が次々と出来た。ところが、１９１５年に「対華二十一か条要求」の事件があった。それで、日本は中国の名誉を傷つけた。すると、「もう中国に帰ろう、帰ろう」という雰囲気になった。

さらに、1919年にヴェルサイユ条約が追い打ちをかけた。ヨーロッパの列強は、中国を助けてくれると中国人は思ったようだ。ところが、ドイツが持っていた山東省や青島《チンタオ》、膠州《こうしゅう》湾の権益を、ドイツからの賠償として全部日本に渡すということになったものだから、これに怒り狂って、中国で外国支配に反対する民族運動である「五四《ごし》運動」が起きた。日本に裏切られたと考えた日本留学生たちは「もう帰ろう」となった。五四運動は中国の愛国主義の学生運動だが、同時にそれが中国の民族解放、反《はん》帝国主義の政治運動として大きくなっていった。

今の台湾は、アメリカの中国権益の成れの果て

一方で、〝宋家の三姉妹〟の流れもある。

浙江《せっこう》財閥と呼ばれる上海のチャーリー宋《ソン》（宋嘉澍《そうかじゅ》。Charlie Soong。1863?～1918年。55歳で死）の3人の娘が、全部中国の重要人物と結婚する。

美人じゃなかった長女、宋靄齢（そうあいれい。1889～1973年。85歳で死）は、上海の大地主で、アメリカと手を結んだ孔祥熙（こうしょうき。1880～1967年。85歳で

死）と結婚した。次女の宋慶齢（そうけいれい。１８９３〜１９８１年。88歳で死）が孫文《スンウェン》、三女の宋美麗（そうびれい。１８９８〜２００３年。１０５歳で死）が蔣介石の奥さんになった。

これが中国とアメリカとの深い関係の始まりだ。宋家（チャーリー宋）の勢力は、北方の義和団《ぎわだん》事件（１９００年）のあとの賠償金でアメリカが取ったものを、そのまま中国に再投資してできた勢力だ。北京の清華《せいか》大学や上海の復旦《ふくたん》大学も、そのおカネで出来た。だから今も、ゴールドマン・サックスなどは、清華大学とつながりを持っている。

アメリカの伝道師、プロテスタント系の宣教師《ミッショナリー》たちを、現地に埋め込む運動として使われたカネだ。

この力が、やがて戦後のアメリカにおける、台湾ロビーやチャイナロビーの勢力になっていく。

私の研究では、初めは孫文が日本に何回か逃げてきている。そのときに宮崎滔天《みやざきとうてん》たちに世話になった。それから実力者の頭山満《とうやまみつる》と犬養毅《いぬかいつよし》、そして、上海に中国研究のための大学である東亜同文書院《とうあどうぶんしょいん》を作った細川護成《もりしげ》の世話になっている。

ところが、孫文は途中から「もう日本には頼れない」と言い始めた。その前の１９０５〜１９０６年までは、日清同盟を作ろうとしていた。１９０５年に東京の赤坂の飯店（中華料理屋、今のホテルオークラの地）で中国同盟会を結成した。

ということは、孫文は1907年からは、アメリカの力で動かされている。東アジア地域《リージョン》においても、イギリスの覇権に対して、いつアメリカが手を出してきたかということが大事だ。この世界政治における派遣（ヘジェモニー）の移動問題を、真剣に考えないといけない。

清朝も明治政府も、裏からイギリスが操っていた。東アジアはイギリスの利権だった。それをアメリカが「マニフェスト・デスティニー」（東方にアメリカが拡大するのは神が認めたことだ）の思想で、アジアに進出してきた。この英と米の争いのことを、今でも日本の知識層が全く考えようとしない。第2次世界大戦で日本が負けて米軍が入ってくるまで、日本の実権はイギリスが握っていた。

私は、康有為《こうゆうい》と章丙麟《しょうへいりん》ら保皇《ほこう》派（清朝皇帝を形だけ残したまま国内を団結して欧米の侵略を防ぐ）の考えが正しいと判断した。先生の康有為を裏切って、孫文のほうへ走った梁啓超《りょうけいちょう》が、横浜で新聞「政聞社《せいぶんしゃ》」を興した（1907年）。このおカネはアメリカから出た。満州人の清朝を打倒せよ、という煽動を行った。ここから、中国の国内大分裂の悲劇が始まったのだった。

蔣介石は自分がアメリカに操られ、かつ騙《だま》されたことに気づいた。国共内戦(1946〜49)に敗れて、アメリカの軍艦で台湾に逃げた

蔣介石に甘える妻の宋美齢《そうびれい》(1898〜2003)。チャーリー宋の三女だ。長女の靄齢《あいれい》(1889〜1973)は中国で最も裕福で財務大臣の孔祥熙《こうしょうき》と結婚。次女の慶齢《けいれい》(1893〜1981)は、近代中国の国父、孫文と結婚した。この宋三姉妹を使ってアメリカが中国を操った。その後の中国の運命が決まっていった。イギリスは北京の清朝(大清帝国)に付いていたので力を無くした。英と米の対立が有った。孫文は「打倒満州人(清朝)」を掲げた。この考えが間違いだったのだ。

台湾人の多数派も台湾が独立国でありたいとは思っていない

台湾は、2400万人の島である。南の島であるから暑い。私は台湾に2015年に調査旅行に行った。

私は、その時に自分なりの台湾理解を深めた。一体、台湾人とはどういう人々なのか。私なりに研究した。隣の福建省（古くは閩南人と言う）から移動してきた台湾人は、中国人の一部である。私は台湾人は中国人の一部だと断定する。台湾は独立国（主権国家《ソヴリン・ステイト》）ではない。そうなることはできない。

そしてまた、台湾人の多数派も台湾が独立国でありたいとは思っていない。私の考えでは、7割の台湾人は中国の1つの省、すなわち台湾省になることでいいと思っている。このように結論づける。その根拠は、今の台湾人が話している言葉は中国の普通話（プートンファ）だからである。

蔣介石が1949年5月に国共内戦に敗れてアメリカの軍艦に乗って命からがら台湾に逃げてきた。このとき北京の紫禁城《しきんじょう》にあった宝物もアメリカの駆逐艦《くちくかん》で運んだ。これが台

台湾はやがて台湾省《しょう》になる。台湾の民進党は統一地方選で大敗して蔡英文総統は党首を辞任。もう終わり。2024年1月の総選挙で国民党の朱立倫《しゅりつりん》が勝つだろう

2022年11月26日、台湾の統一地方選で大敗を喫し記者会見で頭を下げる蔡英文。圧勝した国民党を率いる朱立倫(61歳)。台湾大学卒業後、ニューヨーク大学で会計学博士号を取得し、帰国後の2010年、新竹《シンジュウ》市長選で蔡英文を破ったこともある。その後、国政選挙で蔡英文の民進党に敗れ、一度は党首を辞任した。しかし、2021年に主席選挙で勝利し返り咲いた。

湾の故宮《こきゅう》博物館だ。

私もあそこのコオロギや白菜の小さな彫刻物を見たが、何がそんなに素晴らしいのかわからない。本当に優れた中国の文物《ぶんぶつ》は日本にある。仏像も掛け軸も書物もそうだ。いちばんいいものが日本にある。

天安門の奥の紫禁城（フォービドゥン・シティ）のなかの皇帝が座る椅子の裏側に皇帝が寝ている部屋があって、私はその廊下に置時計だけがずらっと並んでいるのを見た。それ以外何もなかった。イギリスの使節からもらった銀の時計版の大きな柱時計以外は、何もなかった。戦乱のなかで紫禁城はすっからかんになり、今は何もなくなった。

ただ、小さな城があって、それは日ごろ皇帝が住んでいた建物だった。そこには入れないが、その前景《ファサード》の城壁の石畳の上に2つ筋が通っていた。ガイドさんがそれを指さして、「こっちの筋は軍人が死を賜《たまわ》った時に血を流すところ。もう1つは太監《たいかん》（官僚）が死を賜った時に血を流すところ」と教えてくれた。映画『ラストエンペラー』にも出てきた。中国皇帝の住居だ。

ここは太陽が出る前、各国の使節を前庭に並ばせていた、白い雲の上に乗っているように見える紫金城の正殿からそんなに離れていない。太陽が昇ると、皇帝がそれを浴びるよ

台湾の統一地方選で2人の若い政治家が躍進した。蔣介石のひ孫で台北市長となった国民党の蔣万安《しょうまんあん》(44歳)と元台湾市長の柯文哲《かぶんてつ》の弟子の高虹安《こうこうあん》(39歳)である。彼らが次の次の台湾を率いる

2022年11月26日、台北市長選を制したのは蔣介石のひ孫である蔣万安だった。ドナルド・トランプも出たアメリカのペンシルバニア大学で法学博士号を取得しアメリカの弁護士資格も持つ。高虹安は台湾大学を卒業後、米シンシナティ大学で機械工学博士号を取得している。柯文哲が創設した台湾民衆党から立候補し、新竹市長に当選した。

うにしてキラキラ輝く盛装で各国の使節を威圧した。だから、「天子は南面す（北から南に向かう）」なのである。これを日本の歴代天皇も、京都御所の紫宸殿《ししんでん》（大内裏《だいだいり》の正殿）で真似した。

その裏側に、妃《きさき》や愛人たちが暮らした地区がずっと広がっていた。故宮博物館の裏の出口に土の山が築かれている。どうも、10世紀にモンゴルが大都《たいと》と呼んで北京を初めて作ったときに使われた資材が、明や清の時代に建て替えられたときに捨てられたガレキと土砂であった。

私の結論は、台湾に手を出すな。このことを日本でぐだぐだ余計な心配をするな、だ。シーレーンという言葉があって、この中東から運んでくる石油タンカーの輸送ラインを守らなければいけないという議論があった。だが、最近は消えてしまった。中国側が勝手に考えた第1列島線に、このシーレーンはすっぽり入って、台湾やフィリピンも入る。第2列島線には日本が入っている。

世界中で戦争の臭いを嗅ぎつけ火をつけて回る狂ったネオコンとムーニー

前で述べたように、台湾情勢が急に動いたのは2022年の8月2日からだった。ナンシー・ペロシ米下院議長が台湾に行って蔡英文総統に会うと言い出した。ペロシが、台湾に行く少し前に、根回しをしに、ヴィクトリア・ヌーランド国務次官（アンダー・セクレタリー）が、密かに台湾に入っていた。7月23、24日だ。

このムーニー（統一教会）のワシントンの大幹部で、大姉御（おおあねご）で、極悪人、ヌーランドは、今や政治好きなら知らない者はいない。強烈な、狂った頭をした、残忍な大量殺人も平気でやってきた、見るからに鬼の顔をした、ムーニーそのもののブタ、マンマル、チビ女だ。

今度のことで、ナンシー・ペロシも、ムーニーだということがはっきりした。

ヌーランドにしてみれば、以下のことしか頭にない。

それは、「台湾と、韓国と、日本の3つを、どうやって中国にぶつけるか。中国とケンカさせて、できれば中国と戦争までさせたい」だ。この一点しか、この悪魔女は関心がない。他のことにはまったく何の興味もない。それぐらい、恐ろしいキチガイ女だ。「ある小国を、だまくらかして、騒乱状態にして、戦争を始めさせる」ことしか頭にない。真正の凶悪、犯罪者だ。

このヌーランド（ウクライナ系ユダヤ人）と、盟友のジェイク・サリバン、〝へびのジェイク（ヤコブ。ユダヤ人）〟と呼ばれる安全保障担当大統領補佐官のムーニーMoonie派は、今も、トニー（アンソニー）・ブリンケン国務長官（ステイト・セクレタリー）と、ホワイトハウスの中で、怒鳴り合いをしている。アメリカの権力者たちの内部分裂も激しい。

ブリンケンは、「お前たちは、ウクライナで、初めの2カ月でロシアを罠にかけて、叩きのめしてプーチンを潰す、と言ったじゃないか。そうはならなかったじゃないか。ロシアは強いぞ。かえってヨーロッパのほうがまいりそうだ。お前たちは責任を取れ」と、サリバンとヌーランドを追及している。

バイデン大統領は、ブリンケンが管理している。「大統領、もう余計な発言はさせませ

ナンシー・ペロシの“お騒がせ”台湾訪問強行（8月2日）の直前に、この凶暴なムーニーの女、ヴィクトリア・ヌーランドが台湾に根回しに行っている

今も米国務省の国務次官（アンダー・セクレタリー）というNo.2の高官であるヌーランドが、ウクライナ戦争も仕掛けた張本人である。この極悪人の末路は近い。

んよ。静かにしていてください」と、ブリンケンが抑えつけて、バイデンに勝手なことを言わさせない。

バイデンは、完全にボケ老人で、よたよたして、頭の中もはっきりしない。何を言い出すか周りが心配している。アメリカ国民は、「あーあーあー、なんでこんなどうしようもないヤツが、私たちの大統領なんだ」と、呆《あき》れている。だが、ディープステイト、カバールが上から支配しているから、アメリカ国民もつらい。哀れで惨めな帝国だ。だから、もうすぐ、アメリカは終わる。

それなのに、ヌーランドとサリバンとペロシたちは、なぜ、こんなにいつまでも威勢よくやっているのか。それは、「自分たちが敵にうしろを見せたら、その時は自分たちの負けだ」の痩《や》せ我慢の意地っ張りだ。

2014年6月に、シリアと北イラクの砂漠に、IS《アイエス》「イスラム国」の、狂った原理主義者たち7万5000人が突如出現した。ヒラリー・クリントンとジョン・マケイン（1936～2018年）たちが、サウジアラビアの北の砂漠のなかの米軍の秘密基地（軍事空港）で、彼らを育てた。2003年のイラク戦争で捕まった若いイラク兵たちを、洗脳して、「お前たちが大義《コウズ》にしているイスラム国を作っていいのだぞ」と操《あやつ》った。

その前に「アラブの春」という作戦で、中東（ミドル・イースト）の各国を、次々に動乱状態の火の海にしたのも、すべてヒラリー戦略だ。

同じ2014年に、香港で「雨傘《あまがさ》革命」を起こさせた。台湾では「ひまわり革命」を起こさせた。学生たちを扇動して、数万人の学生に叛乱させて暴力行為を起こさせて、激しい反中国の暴力闘争をやらせた。3年で鎮圧された。その次に2019年末から、コロナウイルス攻撃を中国に仕掛けた。

そして、これも同じく2014年に、ウクライナでマイダン暴動（クーデター）を起こした。ヌーランドが現地で自分で指揮を執《と》って、ヤヌコビッチ派（親ロシア政権）の警察や大統領警護隊を、自分が連れてきた米アカデミー（民間軍事会社）の狙撃兵をたくさん動員して、射殺させて、政権を転覆させた。

このように、中東の次はヨーロッパ（ウクライナ）と東アジア（香港）で火をつけた。プーチンをウクライナにまんまとおびき出して、泥沼（quagmire クワグマイア）の戦争に引きずり込んだ。

だから、次は中国だ。戦場は台湾だ。中国に、台湾と韓国と日本を嗾《けしか》けるというヒラリー戦略で、今も、こいつら狂った頭のワシントン・ムーニーたちは、予《あらかじ》めの、予定通りの中国挑発をやっている、ということだ。

第4章

中国が盟主となる
新しい世界の枠組み

戦争を止めに来たキッシンジャー、火をつけに来たヒラリー

2022年10月26日、ヘンリー・キッシンジャーが、99歳の老骨、というよりも、もう、お猿さんのようになって来日していた。首相官邸で岸田首相と、同席した秋葉《あきば》剛男《たけお》国家安全保障局長に会っている。岸田との写真は見つからない。時事通信だけが、3日後に報じた。それを読売が短く後追いした。

驚くべきことだ。おそらくキッシンジャーは、このあと、専用機で、中国に入って、密かに習近平と会談したはずだ。何を話したか分からない。おそらく習近平に「アメリカとの関係を穏やかにやれ」と言っただろう。そしてプーチンに「深入りするな。核戦争になることだけは阻止せよ」と助言しただろう。

私が検索したら、この5月の遠藤誉《えんどうほまれ》女史の文で、「キッシンジャーがバイデン発言を批判。台湾を米中交渉のカードにするな」が出て来ただけだ。あとは何もない。記事を紹介する。

10月26日にキッシンジャーが来日したことが判明した。彼の主眼は、東アジアで戦争を起こさせないことだ

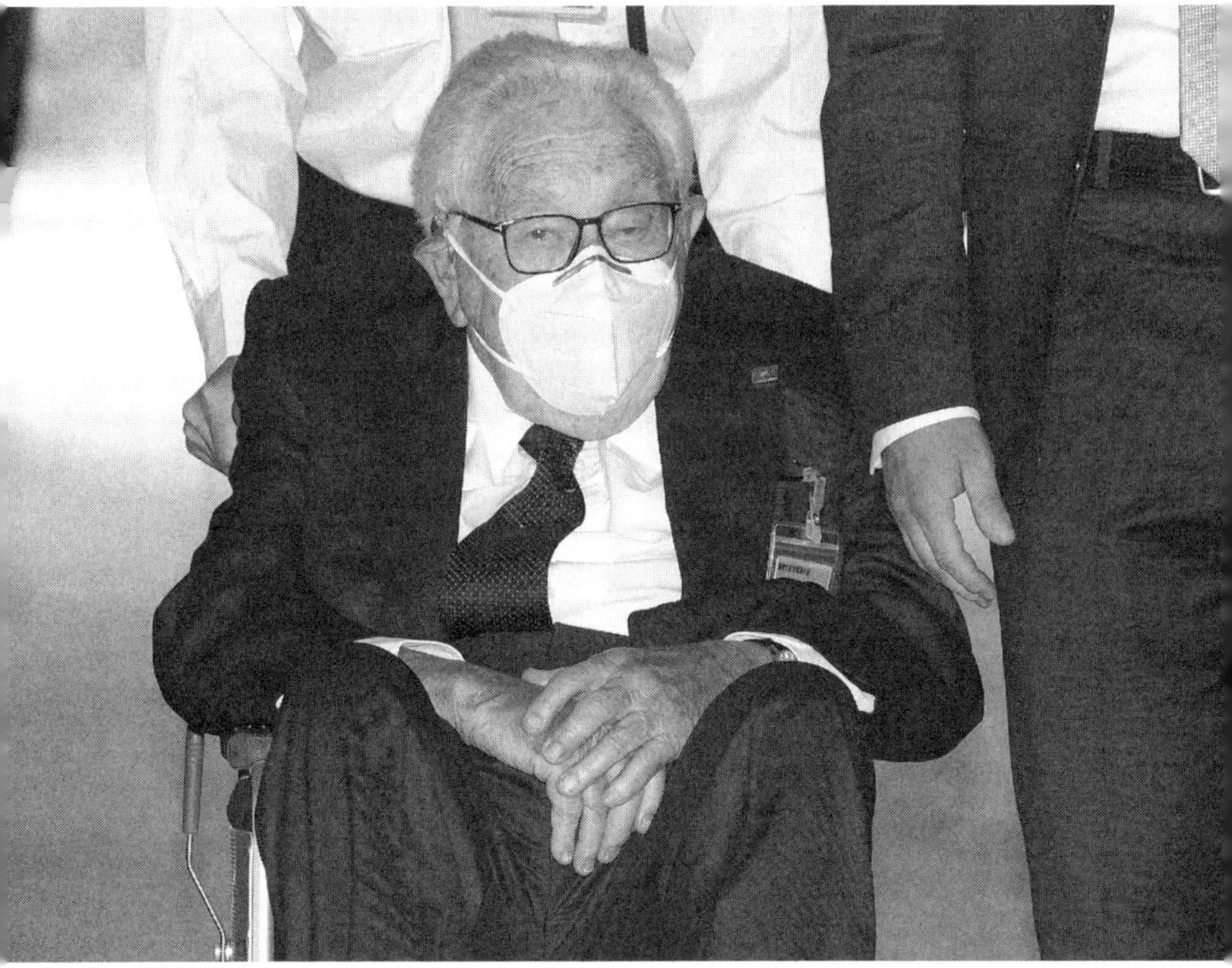

2022年10月26日、来日したキッシンジャーは岸田首相と会談した。その場に国家安全保障局の秋葉剛男《あきばたけお》(前外務次官)がいた。秋葉が実質で日本外交を仕切っている。このあとキッシンジャーは、党大会後の習近平に直接会いに行っただろう。その内容は一切不明。

「岸田首相、キッシンジャー氏と面会」

岸田文雄首相は10月26日、キッシンジャー元米国務長官と約30分間、首相官邸で面会した。ロシアのウクライナ侵攻や中国情勢が話題になったとみられる。松野博一《まつのひろかず》官房長官は、記者会見で「国際情勢について一般的な意見交換を行った」と説明した。面会には秋葉剛男国家安全保障局長が同席した。

（時事通信　2022年10月26日）

キッシンジャーは、「岸田よ。安部をきちんと処分しておいたからな。あとは、しっかりやりなさい」と、言っただろう。私がワシントンから極秘で得た情報では、キッシンジャーの教え子のリチャード・ハースCFR《シーエフアール》議長も、同時期に来日した。ハースは、最近、19年も勤めたCFRの議長を辞任した。CFR（外交問題評議会）は日本の経団連に相当するアメリカの大企業のすべての連合体である。

この他に驚くべきことに、ヒラリー・クリントンが、10月20日に日本に来ていた。この女は、まだ元気で生きていた。本物だ。かなり太ったが、そんなにひどいやつれ方はしていない。

ヒラリーは、アメリカの西海岸の、カナダのバンクーバーのクリントン家の別荘に隠れ住んでいる、と言われていた。そこから、日本に、カネを取りに来たのだ。

世界文化賞という、フジテレビ（と日刊工業新聞。こっちのほうがまだカネを持っている）が主催する賞で、ヒラリーが、何の役割を果たしたのか分からない。フジテレビは広告収入が集まらず、潰れかかっていて、借金だらけだから気前よくカネを出せるはずはない。おそらく、この背後には、電事連《でんじれん》という、大手の電力会社の団体が付いていて、原発の再稼働でヒラリーの助力をもらおう、ということで、カネを出したのだろう。

おそらく、ヒラリーは、200万ドル（3億円弱）を受け取って帰ったはずだ。

「ヒラリー・クリントン氏　三田キャスター対談
元国務長官・大統領候補」

世界文化賞の新しい国際顧問として授賞式で来日した、ヒラリー・クリントン元国務長官が三田キャスターのインタビューに答え、ロシア情勢や次のアメリカ大統領選挙について語った。

ファーストレディーに国務長官。2016年には、女性として初のアメリカ大統領戦に挑んだ、ヒラリー・クリントン氏（ドナルド・トランプに敗れた）。世界がさまざまな分断の危機に直面する中、アメリカに求められるリーダーシップの在り方とは。

三田友梨佳《ゆりか》キャスター「ウクライナ侵攻についてうかがいます。ヒラリー氏がこれまでにプーチン氏と外交に取り組んだ経験をふまえ、NATOやG7各国はどう対処すればいいのか考えをお聞かせください」

ヒラリー・クリントン氏「彼が理由なく近隣の国に侵攻したことは、ウクライナだけの問題ではありません。世界の民主主義の将来という問題です。ウクライナ侵攻のような隣国への侵略は、他の攻撃的な国の指導者たちへのとても危険なシグナルとなる。G7はやるべきことをやってきたと思います」

三田「ロシアの核兵器使用の可能性について、ヒラリー氏はどう見ていますか？」

ヒラリー「そこまで切羽詰まっていないと思いますが、彼らは脅しとして使うのが好きですよね。もしプーチン氏がそうするなら、ロシアに壊滅的な結果をもたらすと明

キッシンジャーより先にヒラリー・クリントンが来日(10月20日)。お金を取りに来ただけだ

2022年10月20日、ヒラリーは笹川平和財団で講演した。会長の笹川陽平とも写真に写っている。父親の笹川良一は「私は文鮮明の親友だ」と言った人物だ。統一教会の大きな支援者である。ヒラリーはまだ生きていた。替え玉ではない。本物である。

確にすることです。大事なのは、私たちが今のように〝団結する〟こと。私は個人的に日米が軍事演習を行って、ロシアと中国の両方に強力なシグナルを送るべきだと思います」

三田「ウクライナには絶対に財政的、軍事的援助や物資が必要です。私たちにできることは、どんなことがあるでしょうか?」

ヒラリー「ウクライナ国内にとどまっている人々に支援が必要で、ゼレンスキー大統領夫人に赤ちゃんや妊婦のための医療機器を頼まれました。不当にいわれもなく攻撃された国が必要であろう全てのニーズを想像してみて、個々の市民にできることはたくさんあります」(中略)

「私はバイデン大統領を支持し、誇りに思っています。民主党は懸命に動いています。なぜなら共和党の候補者たちは非常に極端で、あまり賢明な政策案を持っていません。私たちが直面している現実から離れています」

三田「トランプ氏は、2年後の出馬に興味を持っているようですが、彼は(大統領選で)負けたことを認めていません。それについてはどう思われますか?」

ヒラリー「彼はアメリカの政治において、大きな破壊力となっていました。彼の指導者としてのやり方は危険です。アメリカだけでなく、世界が（トランプ氏を）止めなければならない。アメリカ大統領というのは、非常に大きな影響を与える人物だからです。ですので、彼が出馬しないことを願っています。本当に。出馬すればまた負けるでしょう」

（FNNフジテレビ　プライムオンライン　2022年10月22日）

ヒラリーは、日本に「ゴッツあんです」とおカネを取りに来ただけである。それ以外は彼女にはもう何の役割もない。アメリカ国内でも死ぬほど嫌われていて、誰からも相手にされない。

世界金融システムに先制攻撃を加える中国

今度の10月の党大会（20大《たい》）で、習近平の独裁体制が完成した。これは完ぺきではないが明らかに習近平の独裁体制だ。これでウクライナ戦争に継ぐ、世界戦争（WWⅢ《ザ・サード》。第3次世界大戦《ワールド・ウォー》）も辞さずの態勢を固めた。

共青団系《きょうせいだん》が、トップ人事からすべて消えた。胡錦濤と李克強（りこっきょう。リー・クーチャン）が率いて来た共青団が、壊滅的な打撃を受けたと言える。それでも共青団の面々は平然としている。私が前のほうで分析し、未来予測したとおり、彼らは次の新しい時代が来ることを待っている。

習近平の独裁は、中国国内と党内の反対派を政権からほぼ消滅させた。そして中国は、ロシア（プーチン）と組んで、英と米の西側諸国《ザ・ウエスト》を頂点から操《あやつ》る、ディープステイト、およびCabalカバールを打倒する、と決めたのだ。前述した戦狼《せんろう》外交に転じた。

私は、この事実をテキサスから、最新の情報を結集して出版した西森マリーさんの『カバールの正体』（2021年7月刊、秀和システム）から真剣に学んだ。そして、これからの世界は「ロシア、中国対西側、英米カバールの戦い」になると判断した。

どうやら中国は本気で欧米の金融市場での関係を、もしじわじわ嫌《いや》がらせをされるなら、自分のほうから切断しても構わないと決心したようだ。

20大《たい》のあと中国から、この40年間に、民間大企業で成功した大富豪たちが脱出を始めている。まずシンガポールに向かっている。

西側から、金融市場での策略で中国の信用と中国の資産の評価（ヴァルエイション、

中国はじわじわと米国債を売り払っている。中国のほうが先手でアメリカとデカップリング（経済の再分離）を進める

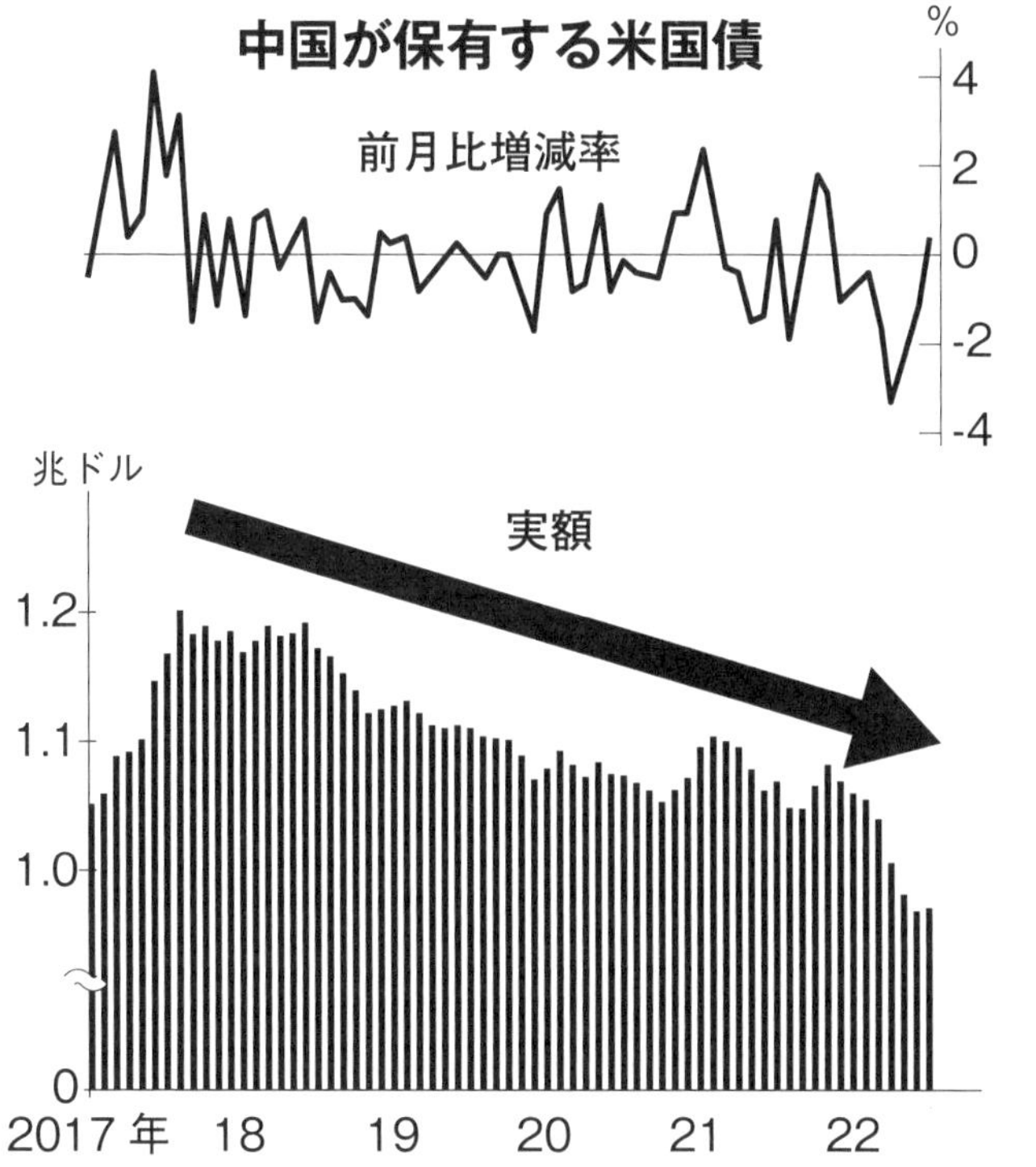

出所：米財務省

中国は迫り来る欧米のバブル崩壊と債券（国債）崩れで大損をするのはご免だと考え、アメリカが中心の世界金融秩序から離脱しようとしている。ロシアの二の舞にはならない。

valuation）の下落を引き起こされても中国はもう構わない。すぐに反撃する。中国の株式市場から外資の短期資本（ショートマネー）が逃げ出して、上海と香港、深圳の市場で、株価の暴落が起きても、これを平然と受け止める、と決意したようだ。

中国は、西側（カバール）に弱みを見せない。そのように今度の党大会（20大。2022年10月16日から22日）で堅く決心した、ということだ。インチキの米ドル支配による世界金融市場を、逆に叩き潰す覚悟を決めた。

そのために、あくまで実体経済（リアル・エコノミー）の優位で闘う。ショート・マネー（〝金融核爆弾〟と呼ばれる短期の投資資金）を使っての一斉攻撃に対して、即座に反撃する手法を開発しつつある。あるいは、中国は自分のほうから、先制攻撃（プリエンプティヴ・アタック）を仕掛けるだろう。保有する米国債《べいこくさい》の、一気の一挙的な大量売却をニューヨークの債券市場で行う。

そうしたら米国債とドルは大暴落するだろう。そうやって、中国と同盟を結ぶ貧乏〝資源〟大国たち〝New G8〟の国々の経済を防御し、欧米の金融資本（カバール）からの圧迫を、粉砕する姿勢をとりつつある。

金融資本ではない、実体経済（リアル・エコノミー）、そして実物資産（タンジブル・アセ

米国債を売って、金《きん》の保有量を増やす。中国は急いで金を買っている。アメリカとの決裂にも耐える決意で、戦争準備体制に向かう

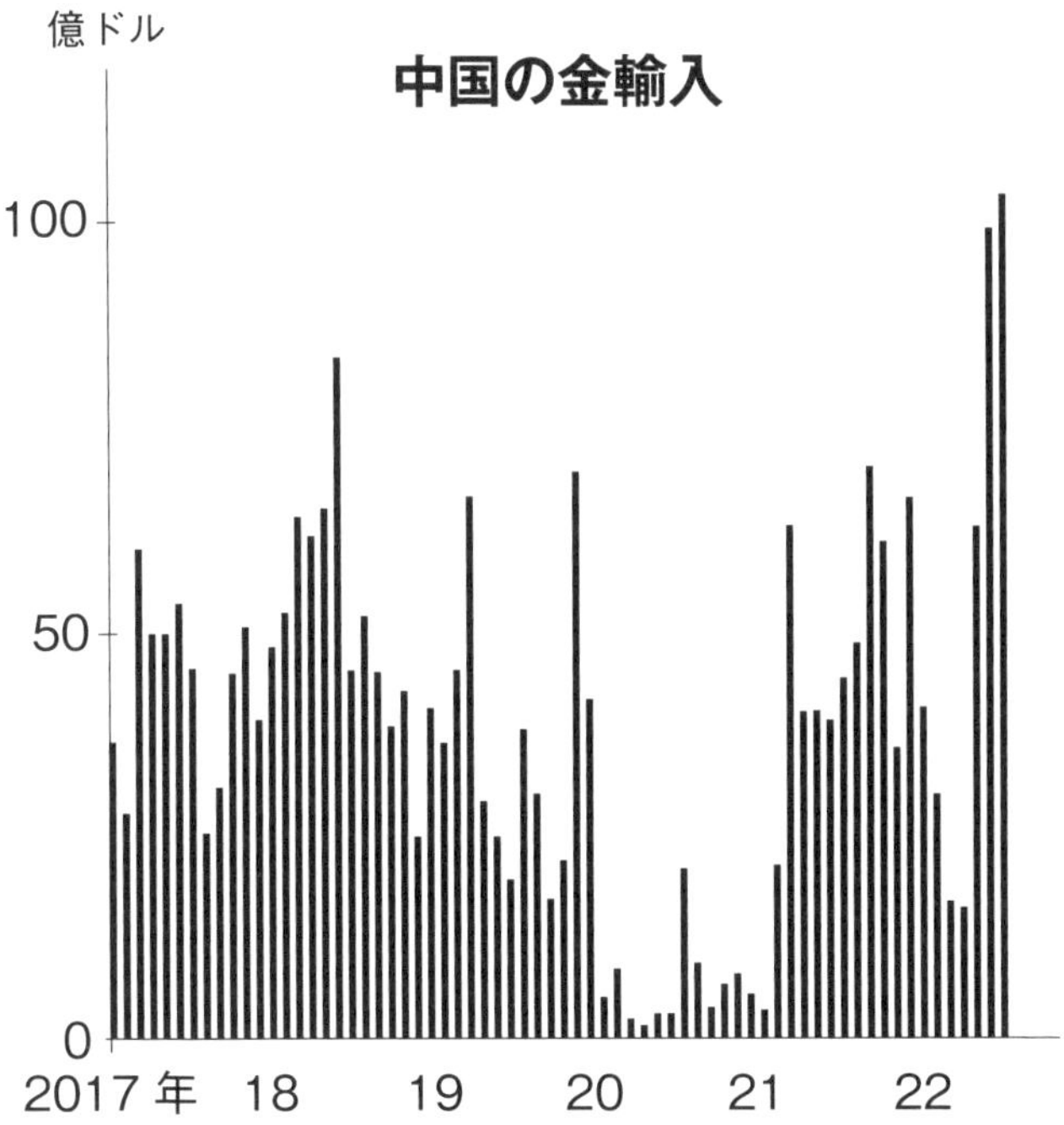

出所：中国税関総署

中国は金融市場《マネーマーケット》よりも実物《じつぶつ》経済(tangible economy、タンジブル・エコノミー)のほうが最終的に強いと分かっている。紙キレである株式(ストック)と債券(ボンド)と投資信託(ファンド)中心主義はもはや保《も》たない。だから中国はアメリカから離れて、打撃を受けても戦える体制へと転換している。

ット）の力では、もう中国を押し潰すことはできない。中国のほうがずっと強い。中国製品の輸入を止めたら困るのはアメリカのほうだ。中国は、早めに欧米中心の金融市場からの撤退を始めた。習近平は、中国自身の金融の要塞（フォートレス）化を構築する気だ。

中国は、ロシアが受けた処罰、制裁（サンクション）の打撃から、深く学んだ。2月24日のウクライナ戦争の開始直後（2日後）に、西側同盟（30カ国。日本を含む）は、周到に罠を仕掛けていて、それぞれ自国の中央銀行を急襲した。そして、一気にそこに置いてあるロシア中央銀行名義の在外資産にフォーフィチュア（forfeiture 刑事法での犯罪者の資産の強制没収）を行い、総額で3000億ドル（40兆円）を、強制没収した（2月26日）。

私、副島隆彦は、この出来事を、5月に出した『有事の金。そして世界は大恐慌へ』（徳間書店刊）に詳しく書いた。今からでも読んでください。

中国は、このときロシアが受けた打撃から、強烈に真剣に学習している。

中国は、NYの債券市場で、先制的に中国が持っている米国債を小出しに、しかし大量に売る態勢に入った。すでに中国株と人民元は売られて下落を始めている。1ドル＝7・27元まで下げられている。

これに対決して、中国が米国債を売ることで、NYの債券市場が崩れる（金利は暴騰する）。これに連れて株式市場も大暴落を始めるだろう。

中間選挙で露わになったアメリカのさらなる没落

11月8日に実施されたアメリカの中間選挙（ミッドターム・エレクション）の結果が判明した。

私、副島隆彦が危惧し、予想したとおりになった。

またしても、大規模な不正選挙（voter fraud ヴォウター・フロード）が、アメリカ全土で行われた。ディープステイト（カバール）は、またしても、違法な選挙票の集計マシーンの「ドミニオン」を使って、下院の民主党候補者を大量に勝たせた。重大犯罪である。

もはや漫才なのは、このドミニオンが、不具合で故障して、ネバダ州やアリゾナ州などの共和党が強い州で、おかしな選挙結果になっていることだ。

下院（定数435）は、最新の数字で、共和党222議席、民主党213議席となっている。たったの9議席の差だ。予想されていた、トランプ勢力を中心にした共和党大勝の「レッド（共和党勝ちの）ウエイヴ（波）」は起きなかった。それどころか、ディープステイト＝カバール　Cabal が仕組んだとおりに、「ちょっとだけ、共和党を勝たせておけ」の匙《さじ》加減《かげん》で、連邦下院は、わずかに共和党の勝ち、ということにした。

　ケヴィン・マッカーシーという共和党の院内総務（マジョリティー・リーダー）が、下院議長《ハウス・スピーカー》になるだろう。マッカーシーが、11月９日の午後4時半に、「下院《ハウス》は共和党が勝った」と、嬉しそうに勝利宣言を出した。このマッカーシーは、しっかりした政治家で、まあまあ、いい奴なのだ。しかし決してトランプ派ではない。ディープステイト側と取り引きしながら議会政治をする。

　上院《セネト》（定員１００。50州で、２人ずつ）は、共和党49対民主党50という、こちらも、ふざけた接戦で、結果が判明するまで1週間かかった。その間に、トランプ派のやつらは、頭を冷やして、敗北を認めろという大仕掛けの不正選挙をやったのだ。

民主党、共和党を50議席ずつにして、今のとおり、副大統領カマラ・ハリス（無能極まりない黒人女）が上院の共同議長として1票持つということだ。

　これで、ボケ老人のバイデン政権を、このあと2年間、保《たも》たせる。そしてロシアや中国に、核戦争の脅威を与え続ける。

　酷《ひど》い話だ。「ミシガン州のマット・デペルノ候補の票が真夜中に盗まれた」と、トラン

選挙という民主政体（デモクラシー）の土台、根幹を不正行為で破壊しているアメリカに未来はない。「ディープステイト＝カバールがまたしても選挙を盗んだ」

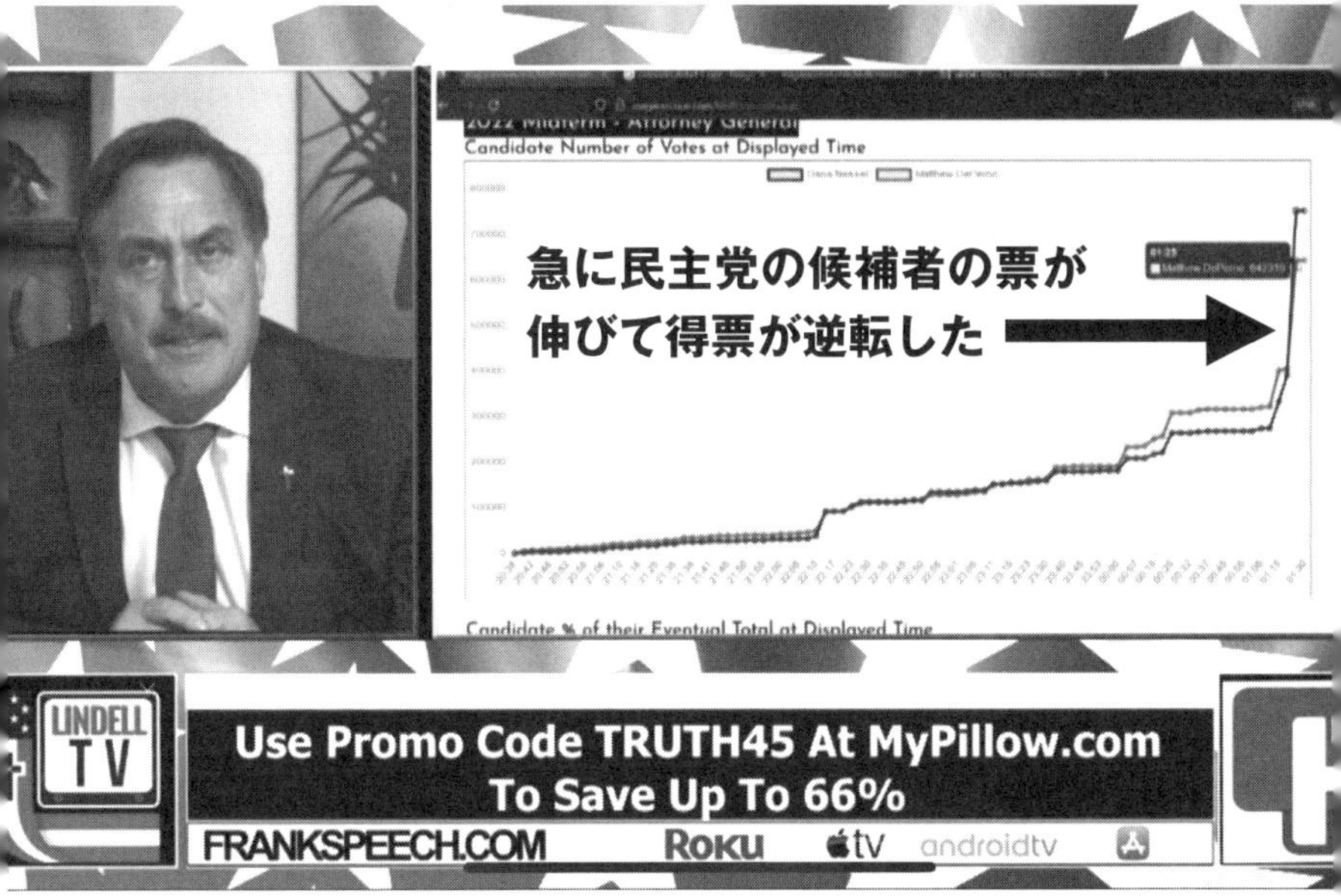

「ミシガン州のマット・デペルノ郡の票が真夜中に盗まれた」と、トランプ支持者のマイク・リンデルCEOが自分のチャンネルで証拠を挙げて解説した。

プ支持者のマイク・リンデルCEOが自身のチャンネルで解説していた。

共和党の、さらにはその中心であるトランプ派の候補者たちの圧勝になると予測されてたところでも、結果の発表をズルズルと遅らせている。以下の読売新聞の記事のとおり、結果が出るのに、「1週間かかる」そうだ。

「上下両院とも大勢判明まで時間、郵便投票増加・接戦の多さが原因…全て確定まで1週間以上か」

今回の米中間選挙では、上下両院ともに大勢の判明に時間がかかる事態となった。確認に時間を要する郵便投票が増えていることや、接戦選挙区が多いことが影響している。

米フロリダ大の研究者による11月8日時点の集計で、期日前投票と郵便投票の利用者は約4590万人で、4年前の中間選挙に比べて2割近く増えている。

このうち、自宅から投票用紙を郵送する郵便投票は、封筒の開封や本人確認などで手間がかかる。開票日以降に届いても有効とする州もある。また、一部の州では得票差が僅差の場合は再集計を行うルールがあるため、接戦選挙区が多い場合には勝敗を確定するまでにさらに時間を要する。

米紙ワシントン・ポストは、こうした理由に人為的なミスなどの要因も加わり、上下両院と知事選、各州議会選の結果が全て判明するまでには１週間以上かかる可能性を指摘している。

（読売新聞　２０２２年11月９日）

選挙の結果が判明するまで１週間以上かかる。などとフザけたことを言っている。加えて郵便投票が４０００万票ぐらいある（２億票のうちの）ので集計に時間がかかる、だと。郵便投票などというフザけた、どうにでも票の捏造改竄《ねつぞうかいざん》が出来る、不正選挙の手段そのものを、認めていること自体が、巨大な悪《あく》なのだ（結局、12月６日に決選投票が行われたジョージア州で、民主党が共和党を破って、民主党51議席対共和党49議席となった。その後、民主党の上院議員１名が民主党を離党）。

私、副島隆彦は、ずっと、「こいつらは、２０２０年11月の選挙（トランプを不正で大統領選で負けさせた）に続いて、必ずまたしても不正選挙をやる」と、睨《にら》んで予測してきた。

そのとおりになった。

こいつら悪魔教（ディアボローイズム）の崇拝者たちは、「この世は、元々、悪である」という信念によって出来ている。彼らカバールは、自分たちが握っている権力を絶対に手放さない。アメリカ国民、大衆の多数意思を、どのようにしてでも押さえつけて、自分たちのやることに従わさせる。

こうなったら、やっぱり、トランプ派のアメリカ国民、1億人は、国家分裂《こっかぶんれつ》のほうに向かって進む。アメリカ合衆国は、瓦解して消滅する。その時は国家が破産するから、国が抱えている大《だい》借金も消滅する。

トランプ派は、テキサス州を中心にした、「アメリカ中央国（セントラル）」を建国して、そこに、正義の人々が集まって、ゼロから新しい国づくりをするだろう。

私は、このことを、すでに、『国家分裂するアメリカ政治　七転八倒《しちてんばっとう》』（2019年刊。秀和システム）で書いている。

もう1本、記事を紹介しよう。

「トランプ氏や共和党員、すでに中間選挙の結果に疑義」

米国のドナルド・トランプ前大統領は11月1日、ソーシャルメディアへの投稿で、激戦州ペンシルベニアの中間選挙の正当性に疑義を唱え、「まただ！　不正選挙だ！」と書き込んだ。トランプ氏が証拠とする右派ニュースサイトに掲載された記事には、不正選挙の証拠はまったく示されていない。その代わりに、詳しい説明もなく、不在者投票のデータに対して根拠のない疑問を呈している。

２０２０年、トランプ氏と支持者らは、「選挙が盗まれた」という選挙後の虚偽の主張に向けて何カ月も下地作りに励み、長期間にわたって大統領選の結果に対する信頼性を損なおうとしてきた。そして今、22年の中間選挙投票日の数週間前から、一部の共和党候補者は同様の、同じように真実味に欠ける物言いを展開している。（後略）

（ＣＮＮ　２０２２年11月７日）

トランプは見抜いていたペロシの正体

私は今も素朴に不思議に思っている。なぜ、自分の大《おお》親分の安倍晋三を殺されて（7月8日）、「仇《かたき》を打つ」とか、「親分の敵討《かたきう》ちをする」といきり立つ勇ましい人間が、安倍晋三の崇拝者たちの中から1人も出てこないのだ。

私は、深く疑いながら、このことをじっと観察している。彼らは「一体、どこに向かって、誰に向かって、復讐《ふくしゅう》をやっていいのか、分からない」のか。

この統一教会に狂ったバカどもよ。および統一教会の尻馬に乗って、「安倍晋三首相を、熱烈に支持して応援します」と、ずっと言っていた、おそらく1000万人ぐらいはいる、日本の保守派の人間たちよ。お前たちは一体、今、何を考えているのか。私は、それを、今もずっと、観察、研究中である。

ナンシー・ペロシ下院議長というオンナは、日本で言えば、暴力団の大姉御《おおあねご》だ。だからドスが効いている。声も、かすれ声のだみ声になる。ヤクザ者のかすれ声だ。名優アル・パチーノが映画でやっていた、あのかすれ声だ。日本でも同じだ。

ペロシの父親は、アレッサンドロ家と言って、イタリア系のマフィアである。カリフォルニアの土建屋の大親分だった。だから、その娘が、全米の中小の建設業者、土建屋の元締めとなってアメリカ政界で力を持ったのだ。ペロシは、イタリア系でマフィアだと、アメリカ国民だったら、皆、知っている。

それに対して、ドナルド・トランプは、NYのクイーンズ区出身だ。日本で言えば、下町の江東区、墨田区のようなところだ。このクイーンズ区で父親はずっと日本で言えば都営住宅のような、公共建物を建ててきた。

だからトランプは、不動産業者あがりで、大手のデベロッパー（建設業社、ゼネコン）団体の支持を受けている。だから、ペロシが率いる中小企業の土建屋業界とは仲が悪い。こういう構図になっている。

トランプが、自分のSNSである Truth Social「トルース・ソウシアル」に、「ナンシー・ペロシは、行かなくてもいい、台湾に行って、騒ぎを起こして、アメリカ政治をおかしくする。旦那（主人）の商売の悪事がバレそうで、それを隠すために台湾に行くのだ」と、強烈な嫌味を書いている（7月31日）。

ペロシは、8月2日に、台湾に、軍用機でびくびくしながら到着した。シンガポールから、フィリピン経由でぐるりと東側から回って台北《たいぺい》に到着した。この夜、台湾総統の鼻ぺちゃ姉ちゃんと対談をして、「アメリカは、台湾を見捨てない」と言った。そのあと、韓国に行って、冷遇された（韓国の尹《ユン》錫《ソ》悦《ギュル》大統領は会わなかった。このあと4日の夜には、日本の横田基地に来ている。翌日、5日に岸田首相と会見した。岸田の微妙なイヤそうな顔を、みんなテレビで見た。日本はこれ以上、中国とケンカなんかコワくて出来ないのだ）。

中国は、そんな手には乗らない。じっくり台湾人を宥《なだ》めて、中国のほうに引き寄せる。そのための、この先の5年だ。習近平は、そのことを花道《はなみち》にして引退する。繰り返すが、台湾は中国の台湾省になる。

「カバール」という恐ろしい欧米白人の最上流人種たち

これまでずっと中国分析で、あれこれと中国を腐《くさ》すことばかりで客観性を欠《か》いて、何の現実味のない「中国崩壊論」を書き続けた自分たちが、何か優れた欧米基準の知識人で立派な人間だと思い込んでいる者たちに、言っておく。

世界は、「独裁勢力対民主勢力の闘い」ではない。

ロシア、中国の全体主義（totalitarianism トータリタリアニズム）で、独裁体制で、人権無視の非《ひ》民主的な国家たちと、それと闘う（VSヴァーサス）自分たち、デモクラシー勢力の、より優れた政治体制の下《もと》にある優位の人間たち、と思い込んできた者たちよ。

お前たち、その民主国家群を上から操《あやつ》って支配している、ディープステイトや、カバールという超《ちょう》支配者のことを、お前たちはどう扱う気か。

「そんなものはいない。それは、✖陰謀論だ」と、言い続けている者たちへ。私、副島隆彦の真実の言論の刃《やいば》が、お前たちを、ひとりひとり切り殺してゆく。

お前たちには、ロシアと中国を始めとする、貧乏〝資源〟大国の連合体、新興国《エマージング》G8が、これまでの西側《ザ・ウエスト》G7（先進国7カ国）すなわち、カバール Cabal の世界体制を、「85（非西欧）：15（西欧、カバール）」の人口比、国土面積比、資源の力でもうすぐ打ち倒すことが分からない。見えない。理解できない。

ただし、ただし、だ。副島隆彦は目下、次のように考えている。

「正義と善を唱える者たちが、必ずしも勝たない。なぜなら、人間という生き物自体が、（動物たちから見ても）悪でありワルであり、汚れた穢《きたな》い生き物だからだ。だから、悪魔（英語ではサタンよりも、ディアボロー、ダイアボローと言う。スペイン語だ）を崇拝する者たちの、カバールによる巨大な悪が、完全に打ち倒されることはない」という、この大きな課題を、ずっと考え込んでいる。深く考えている。

これは、敗北主義《はいぼくしゅぎ》と言って、英語では defeatism「デフィーティズム」と言う。日本は、77年前に連合諸国《れんごうしょこく》（the UN《ユーエヌ》）に打ち破られて敗戦した国だ。敗戦国には、ずっとこの戦争で負けた国としての惨めな思いの敗北主義《デフィーティズム》が付きまとう。

このデフィーティズムは、第1次大戦に負けた、ドイツで生まれたコトバだ。

だから、佐藤優氏が、私たちの対談本『よみがえるロシア帝国』（２０２２年10月刊行。ビジネス社）で明言《めいげん》した「ウクライナは急いで停戦《シース・ファイア》するべきだ。私は、戦争をするプーチンを好きではありません。それは、自分には争いを好まない沖縄人の血が流れているからです」という、この言葉に、私たちは深く留意しなければいけない。

人間は、自分の能力の無さや、力の無さを、よく知っている者たちほど、常に卑屈である。他所、周《まわ》りとケンカしないで、いつもいつも「すいません、すいません。私が、悪いんです」で生きている。

今の日本人の、この敗北主義の精神（ガイスト、エスプリ。霊魂だ）を、私たちは、もっともっと深く研究しないといけない。勝手に「日本人の大和魂《やまとだましい》で、中国にも、ロシアにも、そして、アメリカにも勝つぞ」と、喚《わめ》いても無駄だ。

私は、プーチンと習近平が独裁体制を敷いて、英と米のディープステイト＝カバールとの、これからの厳しい、核戦争を含めた世界戦争に耐えようとする決意を、評価し、支持する。

だから習近平たち中国共産党が持つ悪《あく》の部分を、肯定する。そうしないと、カバールの巨大な悪《あく》に、勝てないからだ。

プーチンが優れた政治天才（古代ギリシアの〝賢帝〟ペリクレスの再来だ）として持つ、正義と善を、はっきり知っているロシア民衆は、これから自分も死ぬ覚悟で、西側同盟を支配する悪魔教の者たち（カバール）との戦いを続けるだろう。

私たち日本人は、どうするのだ？

人間が持つ、小さな悪を自ら自覚して、こじんまりと、この島国（＝島嶼国《とうしょこく》）に立て籠もって、上手に立ち回って、世界から吹いて来る大きな嵐を乗り切るだろう。私もこれでよし、とする。

そして日本は、やがて、この2000年間、そうだったようにその運命として、歴代中《れきだいちゅう》華帝国《かていこく》に従順に従う、従属国の1つに静かに戻って行く。これもよし、とする。

アメリカ民主党（本来は、労働者と貧困層の政党）を、上から支配するカバールたちは、そんなに簡単には負けない。なぜなら、彼らは人類が持つ悪《あく》であり、悪《あく》そのものだからだ。このことを、私は今、深刻に考えている。

上海協力機構が次の世界をまとめるプラットフォーム

前述したように、これからの世界は、いよいよ、「15対85」の世界だ。これは、遠藤誉女史が、日本ではいち早く報告した世界の指導理念だ。

これまでの、西側《ザ・ウエスト》のG7（先進国7カ国）中心の体制に対抗して、大きく、「エマージング（新興国）G8《ジーエイト》」の態勢が、出来つつある。

後《あと》のほうに載せた記事にあるように、中央アジア5カ国の中の古い中心国である、ウズベキスタンのサマルカンドで開かれた上海協力機構（SCO《エスシーオウ》 Shanhai Cooperation Organization）の首脳会議（＝総会。9月15、16日）に結集した15カ国の首脳たちの団結が、これからの世界を主導《しゅどう》する。

2022年9月、日中国交正常化50周年。親《しん》中国派の政治家たちが、ささやかに集まった

2022年9月29日、「日中国交正常化50周年記念レセプション」。(左から)孔鉉佑《こうこうゆう》駐日中国大使、1人飛ばして福田赳夫元首相、林芳正《よしまさ》外務大臣、二階俊博、河野洋平らが経団連会館に集った。反《はん》中国派の代表、安倍晋三の死を受けて質素なものだった。

今回、トルコとインドとイランが、このSCOに正式に参加した。このことの意義は大きい。この首脳会議に、トルコのエルドアン首相が、突然と言ってもいいぐらいに出現した。そして、がっしりとプーチンと腕組みをして歩いている映像（動画）が、公表された。トルコのメディアで9月19日に出た。

これは凄いことだ。この時、世界史が動いた、と言っても過言ではない。「G7（西側同盟）対エマージングG8（非西側）」の大きな対立構造が、これで完成した。

G7の側の西洋白人同盟（the West ザ・ウエスト。35カ国ぐらい。日本はこっち）の、人口と国土面積の合計は、地球全体の15％である。それに対して、非白人《ひ》の貧乏〝資源〟大国が残りの85％の人口と土地から成る。この非西洋の世界同盟が、9月17日にサマルカンドで出来あがったのである。この事《こと》の意義は計り知れなく大きい。

西側のメディアは、今や茫然としてコトバを失っている。日本では、このSCOのサマルカンド会議のことは、ほとんど報道されない。もう、コワくて出来ない。

アフリカ諸国54カ国から成るAUアフリカ同盟《ユニオン》が、何とすべて漏れなく、非白人の「エマージングG8」側についた。中南米諸国（ラテンアメリカ）も同じだ。東南アジア諸国も同じだ。これで非白人側が、150カ国ぐらいになった。

2022年9月に、日中国交正常化50周年を迎えた。日本はこの原点に戻るべきだ

P179の前日の2022年9月28日、日中国交正常化50周年記念大集会。（前列左から）鳩山由紀夫元首相、楊宇《ようう》駐日中国首席公使、政治評論家の森田実氏らが衆議院第1議員会館に集まった。

と言うことは、今の連合諸国《れんごうしょこく》（The U.N ×「国連」。ＮＹ《ニューヨーク》が本部）は、これで歴史的な使命を終えて終わってゆく。アメリカ中心の×国連は消滅する。これから数年かけて、新しい世界体制が、徐々に出来上がってゆく。それは、まさしく、「ユーラシア同盟」Eurasian Alliance だ。北アメリカ中心の世界が終わる。

中央アジア５カ国のどこかに、新しい世界体制の首都を置くことを、習近平とプーチンは2人だけで密かに話したはずだ。ここに、世界中の資金の決済機関となる、新しい世界銀行（ニュー・ワールドバンク）も創設される。

サマルカンドは、かつてここを首都にした英雄チムール（西暦１３７０年に登場）が、たった1代限りだったが、中東アラブ世界まで支配した大帝国を築いた。チムールは、南下してバグダッドに入城して（１３９３年）、それから、今のシリアのアレッポと、ダマスカスを取った。そのあと、オスマントルコ帝国の都アンカラを一時、陥落させた（１４０２年）。そして１４０５年に死んだ。

かつ、サマルカンドは、それよりももっと古く、紀元前３２８年ごろに、アレキサンダー（アレクサンドロス）大王が攻略しに行ったところだ。世界史上の重要な都市だ。アレキサンダーは、イッソスの戦い（紀元前３３３年）で大勝利した。

9月16日にSCO《エスシーオウ》(上海協力機構)のサマルカンドの首脳会議で、7カ月ぶりに(ウクライナ戦争直前以来)2人は会談した

中国はロシアの苦境を理解する。だから、軍事支援以外の支援は民間ベースで行っている。中国は欧米白人たちから批判されないように注意深く動く。ロシアから少しでも離れようとする中央アジア諸国を、中国が抱きかかえるようにして繋《つな》ぎとめる。中ロが主導するユーラシア同盟(アライアンス)が、これからの世界の中心になる。

それから紀元前331年に、アケメネス朝ペルシア（当時の世界帝国）の帝都のバビロン（のちのバグダッド）に入場して、ペルシアの王女と結婚したあと、さらに東方に遠征（エクスペディショナリー）に出て、北上してサマルカンドに到達した。このあと南下して、インダス川沿いで、マウリヤ朝インド帝国の象の軍団と戦った。

アレキサンダーはインドの疫病を怖れて、それ以上は進撃しなかった。このあとバビロンに戻った。そして、大遠征にうんざりした部下たちに暗殺された。遠征から10年後の紀元前323年のことだ。

トルコが加盟してがらりと変わった地政学的な意義

2022年9月16日の、このアゼルバイジャン国のサマルカンドで開かれたSCO（上海協力機構）とは、ユーラシア大陸の、中ロ中心の軍事＝安全保障＝同盟である。これは西洋白人のNATOと対決するべく、大成長した。この総会（首脳会議）で、世界史が動いた。

トルコがこれに加盟したことの、地政学《ちせいがく》（地理政治学。ジオポリティックス。ドイツ語で

カザフスタンのトカエフ大統領は、プーチンを裏切って西側に近寄ろうとする。それで習近平がトカエフのタガを締める

9月16日のSCO（上海協力機構）首脳会談、ウズベキスタンのサマルカンドで。ナザルバエフ大統領の跡を継いで2019年3月にカザフスタン大統領になったトカエフ（1953〜、70歳）。どうも怪しい男だ。ロシアのウクライナ軍事作戦に対して批判する姿勢を見せる。ただし、中国に留学経験があり、中国語を流ちょうに話せる。異様に習近平にすり寄る動きをした。

ゲオポリティーク）上の意味は大きい。

これにはオスマントルコ帝国８００年（西暦１１００年代から、１９１０年代まで。中東アラブ全体も支配した）の歴史的な重みが加わる。これで、ＮＡＴＯ（ヨーロッパの軍事同盟）が加盟国のトルコを除名、追放出来なかったら、お笑い劇場だ。ＮＡＴＯ軍の最大の軍事力は、何とトルコ（国家名称を改名してチュルキエ Türkiye になった）だ。トルコ軍は70万人ぐらいいて、ＮＡＴＯ軍で最大だ。

エルドアンが、プーチンの肩と腕をしっかり捕まえて歩いている。それからイランの最高指導者とも。そして、インドのモディ首相も。習近平とプーチン、エルドアンの３人が笑みを浮かべながら中央に並んだ。

Ｐ１８７の写真（画像）が、極めて印象深い。首脳たちが、まるで、私たちが日本の居酒屋でやっているのと全く同じ感じで、野菜料理と串焼き（これは、羊の肉のシシカバブ）を並べて、皆で車座になって、ゆったり冗談を言い合っている。エルドアンとプーチンが中心だ。

この写真は、極めて印象深い。そうなのだ。私たち日本人も、本当は、モンゴル人なのだ。（今、学者たちはチュルク人という。トルコ系という意味だ）。私たち日本民族の顔の典型

SCO（上海協力機構）を中心に、BRICsも含めて、新しい世界秩序はユーラシアへと移っていく

2022年９月15日、SCOサミットに合わせて開かれた宴会の様子。椅子に座っている左からトルコのエルドアン大統領、アゼルバイジャンのアリエフ大統領、タジキスタンのラフモン大統領、ロシアのプーチン大統領、そしてベラルーシのルカシェンコ大統領。宴席の様子は、まさにシルクロードの時代と変わらない。

的な顔のひとつは、エルドアンとそっくりだ。モンゴル系の顔だ。

これまで日本人は、南方のポリネシアン系の種族だ、とばかり教えられて来た。しかし本当は日本人は、総《そう》じてモンゴル系（チュルク人）なのだ。私、副島隆彦自身がそうだ、と自分に向かって言う。私たちも、居酒屋で全くこんな感じで料理を食べている。この感じに、日本人は深い遠い大きな郷愁《きょうしゅう》を感じる。

私たち、日本人も、今の欧米白人どもの同盟（敗戦による支配）から、脱出して、急いで、ユーラシア、アジア大陸の同族の人々である、このユーラシア同盟に入る準備をしなければいけない。

以下に、その記念碑となる重要な記事を載せる。

「トルコ大統領、上海協力機構への加盟を目標に＝メディア」

トルコのエルドアン大統領は、中国とロシアが主導する上海協力機構（ＳＣＯ）への加盟を目指していると述べた。トルコのメディアＮＴＶなどが17日報じた。

エルドアン氏は、ウズベキスタンで開催されたＳＣＯサミットに出席した後、「サミット参加国との関係は、この一歩によって大きく異なるものになる」と記者団に発言した。それはＳＣＯへの加盟を意味するのかと問われると、「もちろん、それが目標だ」と答えた。

ＳＣＯには中国、ロシア、インド、パキスタン、イラン、キルギス、タジキスタン、カザフスタン、ウズベキスタンが加盟する。トルコは現在、ＳＣＯの対話パートナーだ。

サミットでの2国間協議の中で、エルドアン氏はロシアのプーチン大統領と会談した。エルドアン氏は、トルコとロシアはトルコ南部のアックユに建設中の原子力発電所を巡る問題を解決する合意に達したと述べた。

（ロイター　２０２２年9月17日）

私たち日本人は、モンゴル系（チュルク人）なのである。

第5章

着々と野望を実現する中国の強靭な経済

最悪の状態を脱した不動産業界

最後の章で、中国の経済について書く。中国を貶《けな》したくてたまらない反共右翼の人たちは相変わらずいて、今度は「中国は不動産バブルが崩壊して、中国経済も崩れ落ちる」と、バカのひとつ覚えのように述べている。

ところが、中国の不動産（高層住宅）バブルはハジけないのだ。ちょっと値段が下がると、またそれを買う人たちが出てくる。

これと同じで台湾、香港の不動産の値段も高止まりしている。彼らからすると「日本は安い、安い、安い。自分の国の3分の1の値段だ」となる。

中国は、例の大手デベロッパーの恒大《こうだい》集団が潰れたところで、何とも思わない。「大きすぎて潰せない」というようなこともしない。恒大集団は経営破たんして大きく騒がれたのに、その後、裁判所で破産手続《バンクラプシー》きをした気配がない。監督当局は、恒大集団の経営陣が、自分の資産を次々に売却して、建設が中断している大厦《ダーシャ》（タワー・レジデンス）の購入者たちとの約束を守らせようと、ズルズルと引きずっている。奇妙な感じだ。

潰れるくらいひどい経営状況になったら潰れればいい。住まいを引き渡してもらえない困った国民の面倒だけは、政府がなんとかするだろうという構えである。

たしかに、完成しそこなったボロボロの高層住宅に住んでいる人たちもいる。それを周りの人たちは見ながら、知らん顔をしている。現場には、もっと複雑なドロドロの事情があるのだろう。外国人である私たちには計り知れない。

中国政府が対策に乗り出しており、市場もそれを歓迎している。米ブルームバーグの記事を紹介する。

「中国、不動産業界救済を計画 - 不動産株や社債が値上がり」

中国当局は不動産業界を救済する包括的指令を発した。新型コロナウイルスを徹底的に抑え込む「ゼロコロナ」政策の微調整に続き、共産党の習近平総書記《そうしょき》（かつ国家主席）が、経済に政策の軸足を移しつつある兆候となる。

中国人民銀行（中央銀行）と中国銀行保険監督管理委員会（銀保監会）は11月11日、16項目から成る不動産市場支援の計画を金融機関に通知した。事情に詳しい関係者が明らかにしたところによると、不動産開発会社の流動性危機《りゅうどうせいきき》（引用者注。経営資金が手に入りにくくなること）への対応や、住宅購入者のローン頭金《あたまきん》要件緩和（引用者注。中国では）住宅価格の2割が頭金として必要）などが含まれる。

国家衛生健康委員会は、新型コロナ対策の経済的社会的影響を緩和《かんわ》する20項目から成る指針を公表していた。今度の政策転換は中国の成長見通しを改善させ、今月始まった相場上昇を勢いづかせる公算が大きい。

中国の不動産開発会社の株価と社債は11月4日に大幅上昇。ブルームバーグ・インテリジェンス（BI）の中国不動産株指数は、一時16％高、不動産開発企業、碧桂園《へきけいえん》の株価は香港市場で一時55％高となった。

龍湖《りゅうこ》集団など（低《てい》信用）不動産開発会社の〝ジャンク（投機的格付け）級ドル建て債〟も、額面1ドル当たり少なくとも5セント値上がりした。

10月の共産党大会を経て、習総書記が側近を昇進させ、党指導部ではイデオロギーが、実用主義より重要になる、との懸念から、同月後半の相場は低迷。ところが、香港上場の中国企業株で構成するハンセン中国企業株（H《エイチ》株）指数は、この日の上昇で、共産党大会直後の下げが消えた。

マッコーリー・グループの中国経済責任者、胡偉俊氏は、政府の措置について「意味のある緩和だ。政策変更の余地は、共産党大会後に、中国経済への2大逆風であるゼロコロナ政策と不動産問題を含めさまざまな面で広がったように思われる」と分析した。（後略）

（ブルームバーグ　2022年11月13日）

このように、中国の不動産市場は11月から盛り返している。だから、大廈《ダーシャ》（タワー・レジデンス）の住宅価格が暴落することもない。

この動きに連れて、中国の株価（上海市場と香港市場）も上昇に転じている。ゼロコロナ政策の都市封鎖《ロックダウン》の撤廃が始まった。中国の習近平の3期目の新体制の始まりは、決して暗くない。

半導体を止められても6G（シックス・ジー）がある

もちろん、大きな問題も残っている。それが「中国は半導体の蛇口《じゃぐち》が閉められた」問題だ。アメリカは、ますます世界的な反《はん》中国の半導体包囲網を強めようとしている。ロイターの記事である。

「対中半導体輸出規制に同盟国も足並み、近く合意へ＝米高官」

バイデン米政権は、先端半導体製造装置の対中《たいちゅう》輸出を制限する米国の新規制に足並みをそろえることで同盟国と近く合意する見通し。商務省高官が10月27日に明らかにした。

商務省は今月、半導体製造装置の対中輸出規制の適用対象を大幅に拡大する一連の包括的な措置を発表した。

しかし、米企業だけでなく東京エレクトロンやオランダのＡＳＭＬホールディング

アメリカのビッグテック(GAFA＋MSの5社)の隆盛はピークを超えた

順位	銘柄	国・地域	株式時価総額	2022年1-6月株価上昇率
1	サウジアラムコ	サウジアラビア	2.3兆ドル(270兆円)	8.40%
2	アップル	アメリカ	2.2兆ドル(260兆円)	-23.00%
3	マイクロソフト	アメリカ	1.9兆ドル(230兆円)	-23.60%
4	アルファベット	アメリカ	1.4兆ドル(170兆円)	-24.40%
5	アマゾン	アメリカ	1.1兆ドル(130兆円)	-36.30%
6	テスラ	アメリカ	7,000億ドル(90兆円)	-36.30%
7	バークシャー・ハサウェイ	アメリカ	6,000億ドル(72兆円)	-9.30%
10	テンセント	中国	4,500億ドル(54兆円)	-22.40%
11	メタ・プラットフォームズ	アメリカ	4,400億ドル(53兆円)	-52.10%
12	台湾セミコンダクターTSMC	台湾	4,200億ドル(50兆円)	-32.10%
15	エヌビディア	アメリカ	3,800億ドル(45兆円)	-48.50%
22	アリババ	中国	3,200億ドル(38兆円)	-4.30%
26	サムスン電子	韓国	3,000億ドル(36兆円)	-27.20%

2022年上半期、世界のIT企業の株式時価総額の一覧表。主な米ビッグテックを追い上げる中国勢。世界1位はサウジアラムコ(ただしリヤドの株式市場上場)。為替を1ドル＝120円とした。

なども半導体製造装置を生産し（中国に輸出し）ていることから、主要同盟国に、同様の装置輸出規制を導入するよう説得できなかったとして批判を浴びた。

エステベズ商務次官（産業安全保障担当）は、米シンクタンクCNASのインタビューで、「日本やオランダをはじめとする同盟国による同様の規制導入について、近く合意できる見通しだ」と述べた。

広範囲にわたる新規制の、どの部分について同盟国の合意を得られるかとの問いには、「半導体と製造装置を含む全範囲を検討している」と答えた。

規制には、米国の半導体製造装置を使って世界各地で製造された特定の半導体チップを、中国が入手できないようにする措置も含まれた。エステベズ氏は、「各国が自国で同様の制度を導入すれば、米国のルールから免除されるだろう」と述べた。

（ロイター　2022年10月28日）

だが、民間企業は国の意向よりも自分たちの売り上げを重視する。政府が「中国に売るな」と言ってきても、簡単に「はい、そうします」とは言わない。

企業は利益を生むために行動する。民間企業は「どこかに抜け穴がある」と考え、それを必ず探し出そうとする。実際にＮＶＩＤＩＡ（エヌビディア）というアメリカの半導体（セミコンダクター）大手は、こっそりと、いや、あからさまに、中国に自社の半導体を輸出しているのである。

「エヌビディア、中国で先端半導体を新たに提供 米輸出規制に適合」

米半導体大手エヌビディアは11月7日、米国の最新の対中輸出規制に抵触しない、新たな先端半導体を中国で販売していることを明らかにした。

新製品「Ａ《エイ》８００」は、新規制後に米半導体メーカーが中国向けに提供する初の先端半導体だ。エヌビディアはこれまで、「輸出規制が自社にとって数億ドルの減収につながる」との見方を示していた。

10月に商務省が発表した新規制は、先端半導体や、中国の先端半導体工場向け製造装置の輸出を原則的に禁じた。これは中国の半導体産業、ひいては軍事産業の発展を遅らせる狙いがある。

エヌビディアは8月に、データセンター向け半導体「A《エイ》100」が米商務省の禁輸リストに指定されたと明らかにしていた。A800はA100と同じ画像処理半導体（GPU）で代替品となる。

中国のサーバー大手のうち少なくとも2社のウェブサイトでA800が搭載されたサーバー製品が販売されている。

CCSインサイトのアナリスト、ウェイン・ラム氏は、「エヌビディアにとって中国は大きな市場で、貿易制限を回避するために製品を再構成するのは商売上の合理性が大いにある」と指摘した。

（ロイター　2022年11月8日）

このように企業は、あの手この手で法規制の網をかいくぐって、自社の利益を守ろうとする。

ウクライナ戦争で、アメリカとEU政府が、いくら「ロシアからの天然ガスを買うな」と企業に命令しても、ヨーロッパ各国のエネルギー企業たちは、自国民（お客）の冬の暖房用に必要なエネルギーの確保の問題が切実だから、政府の言うことをあまり聞かない。

世界の半導体の命運を握っている国民党モリス・チャンTSMC会長

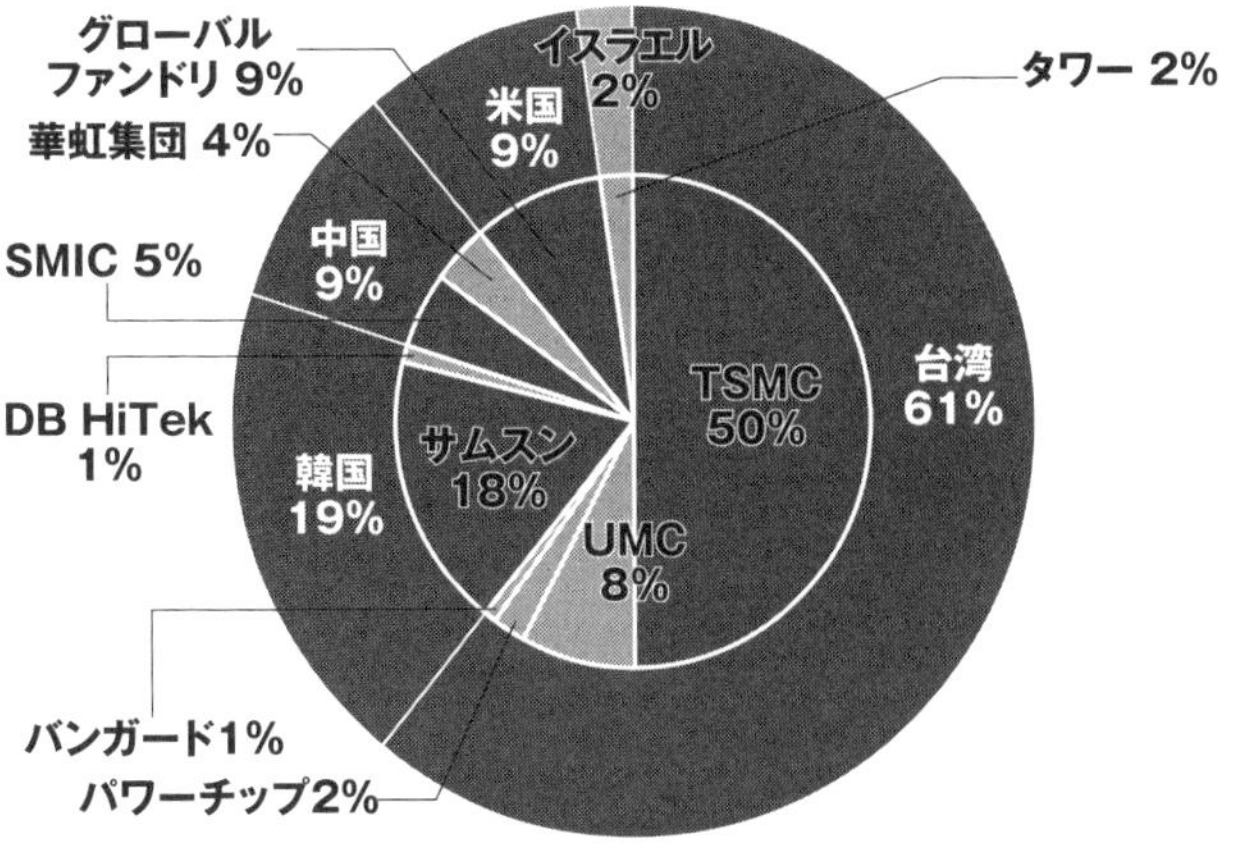

モリス・チャン（1931年～、91歳）率いるTSMCが半導体のファウンドリ（下請けの製造業）で世界シェアの半分を押さえている。2nm（ナノメートル）の大量生産も2025年から開始する。ファブレス（半導体の設計だけ）を気取っていたアメリカの先端企業たちはTSMCに実質を奪われた。

民間企業同士で規制の穴を見つけあって、ロシア産の天然ガスを第3国を迂回《うかい》させたりして、こっそりと手に入れているのである。

外国からの自社への半導体の供給が止められているあいだ、まさに臥薪嘗胆《がしんしょうたん》という形で、かつてスマホの雄だったファーウェイは、5G《ファイブジー》、6G《シックスジー》技術開発のさらに先を走っている。

「ファーウェイ、5・5Gが大きく進展 2024〜25年に商用化へ」

スマートワールドの到来が加速する。そのなかで、ネットワークインフラの発展に対する要求が一段と高くなっている。第5世代移動通信システム(5G《ファイブジー》)をさらに進化させた5・5Gが今後の発展の方向性として、常に産業界の注目を集めてきた。中国通信機器大手の華為技術(ファーウェイ)がタイ・バンコクで10月25日に開いた「グローバル・モバイル・ブロードバンド・フォーラム2022」(MBBF2022)では、5・5Gがすでに新しい段階に突入し、産業界がその商用化に向けた準備に乗り出しているという最新の進展が明らかになった。(中略)。

5・5Gは、現行の10倍のネットワーク能力をもたらす。毎秒10ギガビットのデータ通信速度、1000億台の同時接続数、無線ネットワーク自体のスマート化を実現し、さまざまな業務上のニーズに対応するとみられている。ファーウェイの汪《おう》氏は「産業界が行動を起こし、力を合わせ、共同で産業の成熟を促し、5・5G商用化に向けて準備を整えるよう」提言した。（中略）

汪氏は「5・5Gによって、共通認識から加速度的に現実になりつつある。これが多種多様な応用を発展させる肥沃な土壌になる」との認識を示した。「スマートワールドの全体像を形成する革新的な応用が増え続ける中、産業界では川上と川下が共同で時代を超える新しい応用を模索する必要がある」との見解を示した。

（36KrJAPAN　2022年11月7日）

このように、ファーウェイはどれだけアメリカに狙い撃ちされ、イジめられても、しぶとく先端技術で生き延びている。

ＳＫハイニックスの裏は中国資本である

一方で韓国半導体大手のなかのメモリー装置のＳＫ《エスケイ》ハイニックスも、アメリカを離れて、着実に中国で稼いでいる。ＳＫは、中国企業へ技術提供する方向へと舵を切った。同社は２０２０年、インテルの大連《だいれん》工場を90億ドル（1兆３０００億円）で買収していた。インテルは、もう中国から撤退したいのだ。

このあとどうなるかは分からないが、どうもＳＫの裏には中国企業の動きが有る。韓国のＩＴ企業の巨人、サムスンが、中国の紫光《しこう》集団（ここは習近平の派閥〈関係《グアンシ》〉の半導体製造の国有企業である）に、ＮＡＮＤ《ナンド》型のフラッシュメモリーの技術を簡単には渡さなかった。そのため、紫光集団の経営が悪化している。

そこでサムスンに中国政府が圧力を掛けるため、ＳＫを使ってサムスンを追い上げているのだろう。日経産業新聞の記事を紹介する。

「韓国SKが引いた「貧乏くじ」　中国半導体工場の増産暗雲」

ＳＫがインテルから大連工場を買収する契約を結んだのは2020年10月だった。大連工場は主要な半導体メモリーである「ＮＡＮＤ型フラッシュメモリー」を生産する。同事業で劣勢だったＳＫが、２位キオクシアホールディングス（以前は東芝メモリ）を上回り、首位サムスン電子を追うための大胆な一手だった。買収額は90億ドル（約1兆３０００億円）と、韓国企業のＭ＆Ａとして過去最大案件だった。

売り手側のインテルは、主力のＣＰＵ（中央演算処理装置）に経営資源を集中し、相対的に収益力の低い半導体メモリー事業から実質的に撤退することに決めた。買収契約を結んだ当時も、米中対立は先鋭化しており、インテルは中国の半導体工場を持て余していた。かといって中国企業に売却しては技術流出の批判は免れない。

そこで浮上したのが、政治体制的に民主主義陣営に属する韓国のＳＫだった。ＳＫは２０１２年にハイニックス半導体を買収し、半導体事業に参入した。12年当時は日本の（国策会社だった）エルピーダメモリが破綻するなどメモリー市況の最悪期だった。ＳＫは３兆４０００億ウォン（現在レートで約３６００億円）でハイニックス半導体を取得した。

　社名をＳＫハイニックスに改めた同社は、２０２１年までの10年間で累積純利益56兆ウォンを稼ぎ出し、ＳＫグループの稼ぎ頭となった。ハイニックス買収によって巨額の利益を得たＳＫの崔泰源（チェ・テウォン）会長にとって、売り物として提示されたインテルの大連工場はさらなる成長のための重要なピースと映った。

　工場所在地（大連）の中国の競争法当局は、買い手のＳＫ側に複数の条件を提示した。ＳＫによると、「半導体を中国企業に安定供給することや、大連工場で今後５年間継続して投資することを求められた」という。ＳＫは中国当局の条件をのんで２０２１年12月に同工場を取得した。

　買収手続き中に半導体を巡る米中対立は一層先鋭化した。ＳＫは２０２１年に中国江蘇省無錫《むしゃく》市のＤＲＡＭ《ディーラム》工場で、半導体性能を飛躍的に高められる「ＥＵＶ（極端紫外線）露光」製造技術の導入を進めた。しかし、米政府の「先端技術の流出防止規制」によって断念した。

　その後も米政府による中国半導体産業への締め付けはエスカレートした。２０２２年10月には、米商務省が「輸出管理の法律に基づいて、米国の半導体技術の中国への

米中半導体戦争の影響は日韓へと広まっていった

SKハイニックスの生産拠点			
工場所在地		生産品目	生産能力
韓国	利川市	DRAM/NAND	34%
	清州市	NAND	25%
中国	無錫市	DRAM	26%
	大連市	NAND	14%

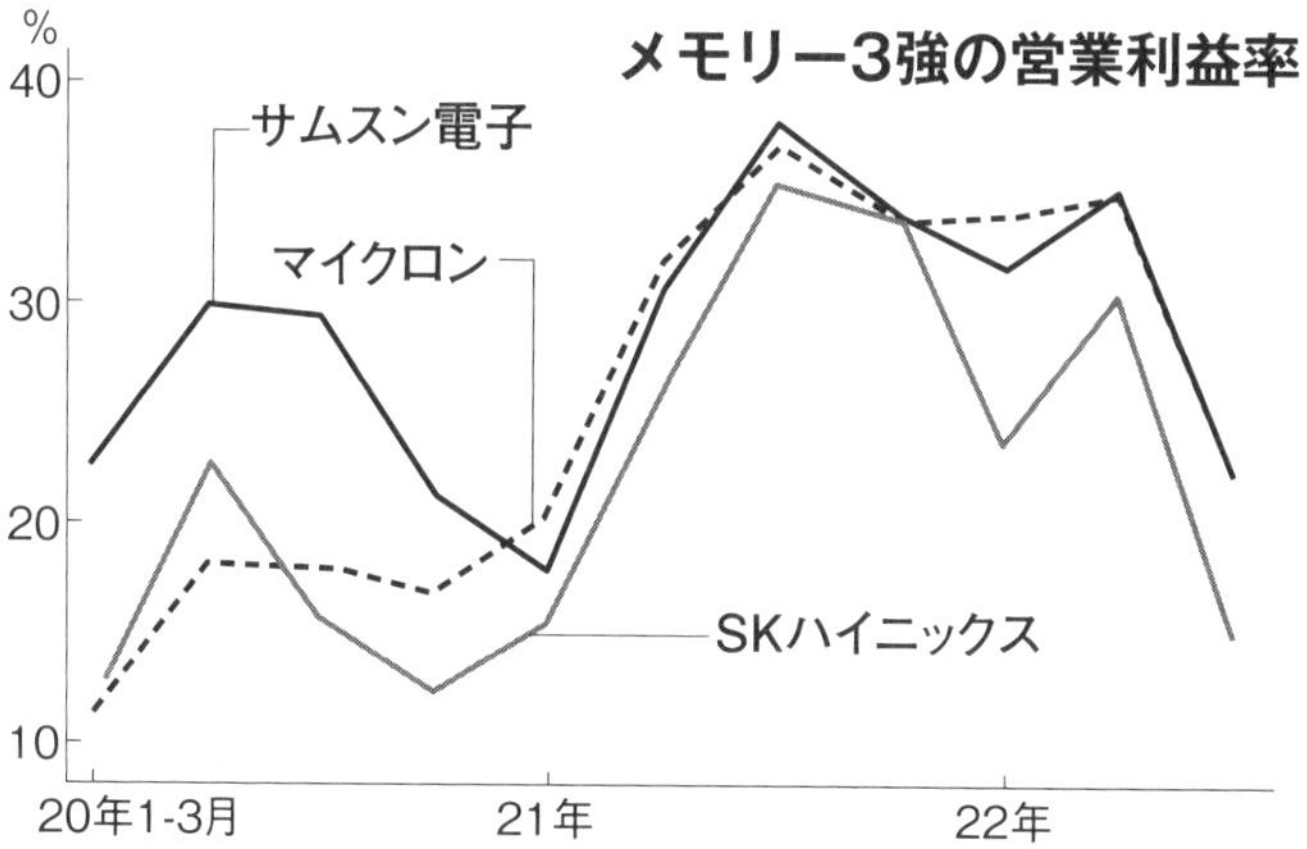

出所：日経産業新聞(2022年11月28日)

SKハイニックスは1983年、現代《ヒュンダイ》グループの電機部門として設立された。その後、LG《エルジー》の半導体事業との統合、経営破綻を経て、2011年11月に通信大手のSKテレコム傘下に入り、現在のSKハイニックスとなった。1990年代から長く東芝と技術提携をしている。東芝メモリ(現キオクシア)が売却されたとき、新会社に15%(4,000億円)の資本参加をした。

導入について許可制とする」と発表した。現行技術を超える半導体技術が対象で、SKにとっては中国に持つ2カ所の工場への追加投資が事実上難しくなる。

ハンファ投資証券によると、SKハイニックスの生産能力（ウエハー枚数ベース）のうち、無錫工場が26％、大連工場が14％を占める。少品種・大量生産が前提の半導体メモリーのビジネスは設備投資をし続けなければ競争力が落ちる。現時点で4割の生産能力を担う中国工場で設備を更新できなければ、SK全社の競争力が大きく低下する可能性が高い。

（日経産業新聞　2022年11月28日）

このSKハイニックスの動きは、日本にとっても重要だ。なぜならSKは、2018年、キオクシアの持ち株会社のCB（新株予約権付社債＝転換社債）を引き受ける形で、3950億円を出資しているからだ。当然SKハイニックスは今後、キオクシアそのものの買収を狙っている。記事を紹介する。

「SK Hynixはキオクシア投資資金の回収ではなく株式取得を目指す、韓国報道」

SK Hynixのイ・ソクヒ最高経営責任者《CEO》は、2021年4月9日に開催された通商産業資源部（日本の経済産業省に相当）と韓国半導体工業会（SIA）の間で開かれた半導体不足対策の懇談会への出席後、記者団に対し、「SK Hynixは、日本のキオクシアに出資したのであるから、同社に対する投資計画に変更はなく、投資資金を回収するという考えはない」と語ったと複数の韓国メディアが報じている。

これは、Western Digital《ウエスタン・デジタル》やMicron Technology《マイクロン・テクノロジー》のキオクシア買収検討報道に併せて、SK Hynixが、キオクシア買収の際に出資した3950億円分の株式を高値で売って、投資資金を回収するのではないか、という噂に対する（全く逆の）発言である。SK Hynixは、2020年秋にIntel《インテル》のNAND事業を中国・大連工場含めて、90億ドルで買収する契約をIntelと取り交わした。しかしそのとき、その資金としてキオクシアへの資金を回収して充てるのではないか、という憶測が韓国内から出ていた。

> 米Bain《ベイン》 Capital《キャピタル》が主導する米日韓の企業コンソーシアムが東芝メモリ（現キオクシア）を買収した際、ＳＫ Ｈｙｎｉｘは３９５０億円を出資し、キオクシアの議決権の14・96％を確保した。今回のＳＫ Ｈｙｎｉｘ ＣＥＯの発言によれば、同社はあくまでもキオクシアの買収に固執しており、他社が買収に乗り出しても出資から引き上げることなく、キオクシアの所有権を確保することを目指すようだ。
>
> （マイナビニュース　２０２１年4月13日）

５年前の２０１７年に騒がれた東芝の経営破たんの際、東芝の収益の柱で〝虎《トラ》の子〟だった東芝メモリ（現キオクシア）は、２兆円で売却された。この2兆円を受け取って、これで今も東芝本社の社員たちが食いつないでいる、ということである。現在、米ベイン・キャピタルという投資ファンド（ハゲタカだ）を筆頭にして、外資連合がキオクシアを所有している。

そのうちの株式の15％（４０００億円弱）を、韓国のＳＫハイニックスが持っている。そして何と、ＳＫは今後、キオクシアの全てを買い取るつもりでいる。そういうことが、この記事から分かる。

日本の日の丸半導体はもはや絶滅寸前である。日本の電機大手の苦境は続く

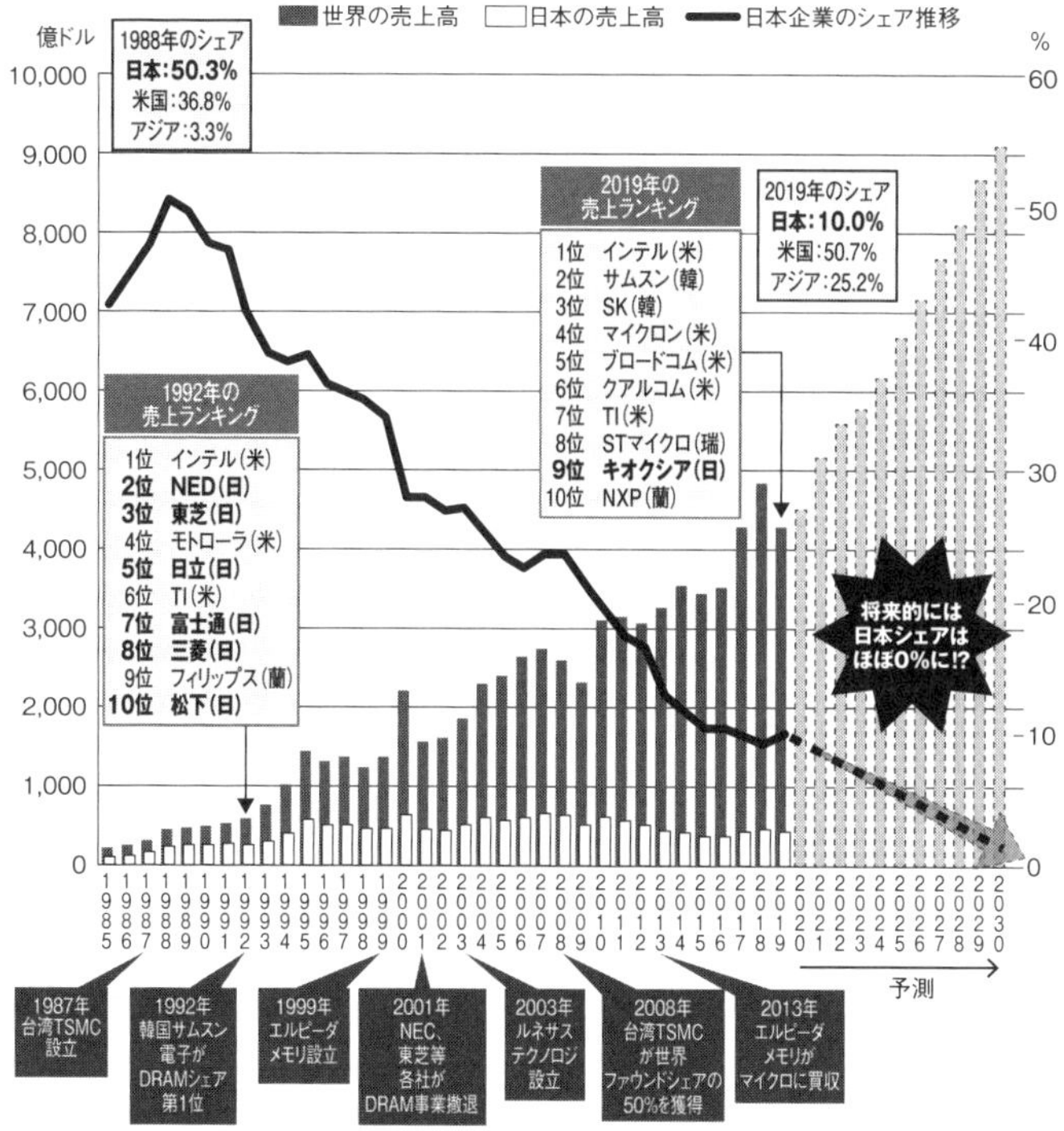

出所：経済産業省

今から35年前の1988年には、世界の半導体シェアの50%を日本の企業が握っていた。上のグラフから分かる。しかし"日米半導体交渉(戦争)"でアメリカによって"電子立国・日本"は叩き潰された。今や10%にすぎず、経済産業省ですら「日本の凋落」「将来は日本のシェアはほぼ0%」と断言している。

このSKハイニックスの背後に、前述した中国の紫光《しこう》集団（習近平直系）がいる。紫光集団は現在、大赤字で利益が出ていない。しかし、半導体開発の先端技術をどんどん握ることによって、やがて躍進するだろう。

追い詰められたヨーロッパは、中国以外に頼る国がない

ヨーロッパも、もはや中国に助けを求めるしかない。記事を1本紹介する。

「ショルツ独首相が訪中、習氏「変革と混乱の時期こそ協力を」

中国の習近平国家主席は11月4日、訪中したドイツのショルツ首相と北京の人民大会堂で会談し、中独は影響力を持つ大国として、変革と混乱の時期こそ世界平和のために協力すべきだと述べた。国営メディアの中国中央電視台《でんしだい》（CCTV）が報じた。

ショルツ氏の中国訪問は主要7カ国（G7）首脳としては3年ぶり。緊張が高まっている中国と西側諸国の関係を試す機会になるとみられている。

両氏が対面で会談するのはショルツ氏が首相に就任して以降初めて。

CCTVによると、習氏は「現在、国際情勢は複雑で不安定だ。中独は影響力を持つ大国として、変革と混乱の時期こそさらに協力し、世界の平和と発展に一段と貢献すべきだ」と発言した。

ドイツ代表団に同行しているロイターの記者によると、ショルツ氏は習氏に対し、「ロシアのウクライナ侵攻でルールに基づく世界秩序に問題が生じ緊張が高まる中で、中独首脳が対面会談することは有益だ」と述べた。

ショルツ氏はまた、「欧州と中国の関係、気候変動や世界の飢餓との戦い、中独経済関係の発展方法などに加え、両国の視点が異なるテーマについて話し合う」と語った。（中略）

人民大学の国際関係学教授、Shi Yinhong氏は「中国は特に（共産党）大会を終えたばかりで、現在の国内外環境において（ショルツ氏の）訪問と共同宣言を必要としている」と述べた。

一方、ショルツ氏は、国内経済がインフレと景気後退リスクに直面する中、中国との協力関係を継続する必要性を強調する見込みだ。

政府筋によると、ショルツ氏は習氏のほか、退任する李克強首相とも会談し、人権、台湾、ドイツ企業による中国市場参入の難しさなど、論議を呼ぶ問題を提起するとみられている。

（ロイター　2022年11月4日）

ドイツは中国に助けを求めている。

ドイツ国内は、ウクライナ戦争による国内経済の大混乱が起きている。米英が強要する「ロシアへの制裁を強化する。ロシアからの天然ガスのドイツへの供給を完全に停止せよ」の圧力で苦しんでいる。電力とガスによる国民の暖房の心配だけでなく、基幹産業へのエネルギー不足に直面する。

このため、ショルツは中国に来て「ドイツ企業の最大手たちにもっと市場参入させてくれ。このままではドイツの稼《かせ》ぎ頭《がしら》がいなくなる」と、習近平に泣きついて救援を求めたのである。このあとフランスのマクロンも中国に来る。ドイツに負けられない、と、フランスも中国への「物乞《ものご》い外交」をする。

あれほど、英米の尻馬に乗って、強がってロシアのプーチン叩きの発言をしているくせに、ヨーロッパの実情は、このように哀《あわ》れ極まりないものである。

習近平は、こういう卑屈なヨーロッパ白人さまたちを軽くあしらって、３期目就任後の12月７日、サウジアラビアに行った。そして、サウジ皇太子のムハンマド・ビン・サルマーン（ＭＢＳ）らと会談し、先進国Ｇ７（カバールだ）と対決する新興国《エマージング》Ｇ８の勢力固めを行った。

宇宙強国の橋頭保となる新しい宇宙ステーション「天宮」

中国は、これからさらに宇宙開発に力を入れる。この分野でも、もうすぐ欧米を凌駕《りょうが》する。これまで宇宙ステーションはＩＳＳ《アイエスエス》（国際宇宙ステーション）だけだったが、２０２２年10月31日に、中国国産宇宙ステーション「天宮《ティエンゴン》」が完成し、稼働を始めたのだ。

「中国　宇宙ステーションに実験棟ドッキング成功」

中国で10月31日、ロケットに搭載され打ち上げられた宇宙実験施設と宇宙ステーシヨンがドッキングに成功した。

中国国営の中央テレビによると、きのう、中国南部の海南島《かいなん》から打ち上げられた宇宙実験施設「夢天《メンティエン》」は、日本時間きょう午前5時半ごろ、中国の有人宇宙ステーション「天宮《てんぐう》」にドッキングした。

軌道上の位置の調整などを行った後、「天宮」は有人宇宙ステーションとして完成するという。現在、「天宮」には3人の宇宙飛行士が滞在しているが、今後さらに3人増やされる予定。

「天宮」は今後10年以上運営される計画で、2045年までに「宇宙強国」を目指す中国が宇宙開発を加速させています。


（TBSテレビ　2022年11月1日）

宇宙開発とは、その大きな真実は、核兵器の主力であるICBM《アイシービーエム》（大陸間弾道《だんどう》ミサイル）を制御し、目標に命中させるための宇宙技術の獲得のことであった。アメリカとロシアは、この50年間でその目標を達成したので、もうISSなど要《い》らなくなった。

中国はいよいよ宇宙強国を目指す。その中心となるのが自力開発した宇宙ステーション「天宮《てんぐう》」である

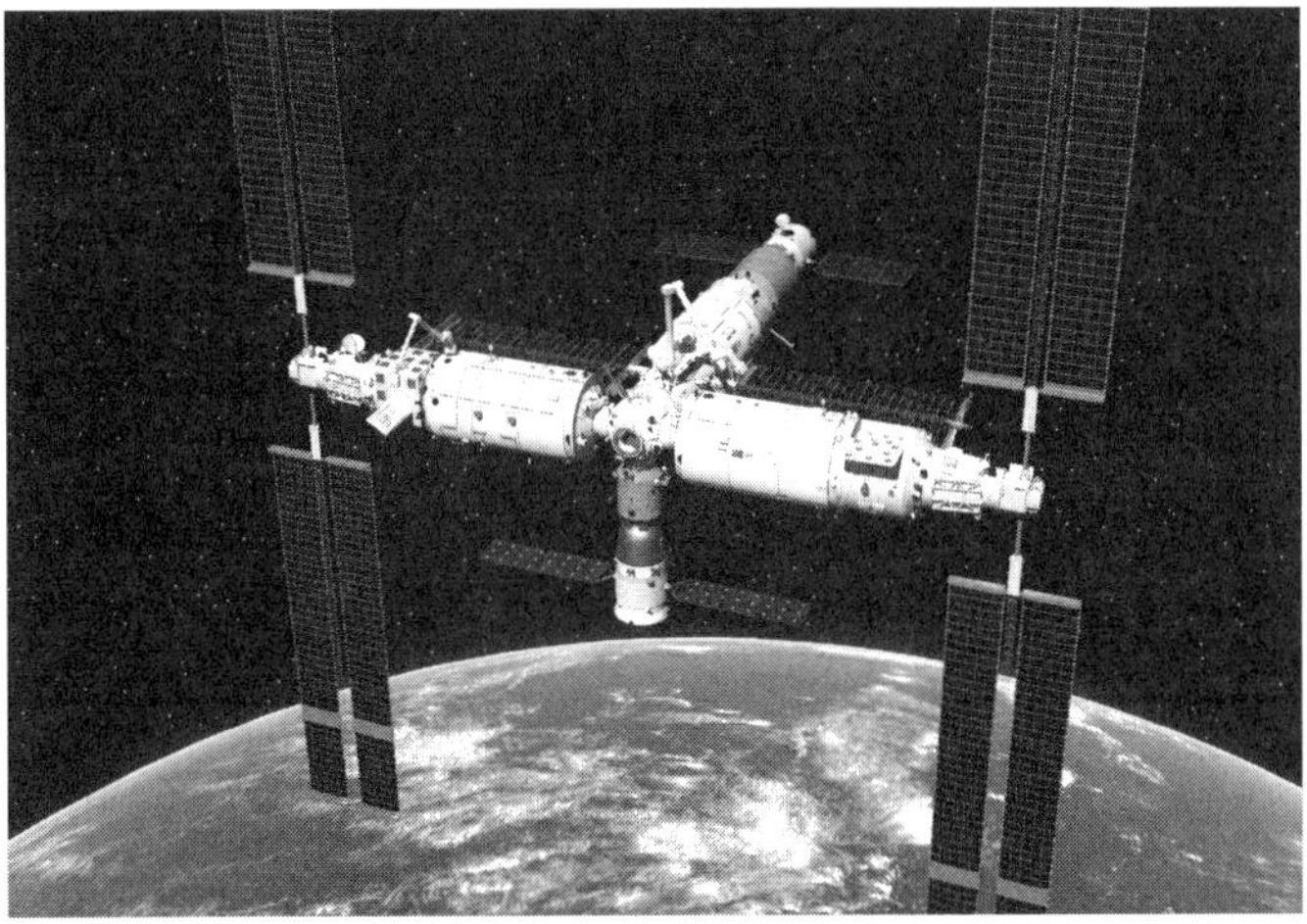

2022年10月31日、天《ティエン》宮《ゴン》が完成した。かかった期間はわずか1年半。恐ろしいスピードで中国の宇宙開発は進んでいく。右下はすでに天宮で実験を行っている女性宇宙飛行士。中国が独力で作った宇宙ステーションは、ISS《アイエスエス》(国際宇宙ステーション)がボロボロになって計画終了で廃棄処分されることのあとを継ぐ。ISSの中には今もロシアの最後の宇宙飛行士が乗っている。

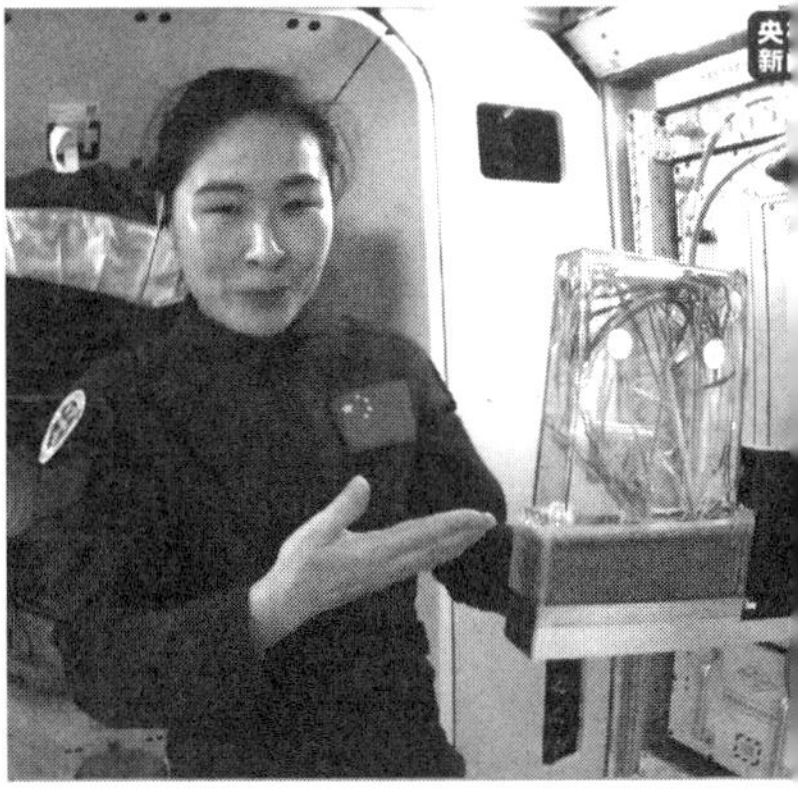

その次は、月に人類（人間）を送って、、月面に基地を作ることだった。ところが、ところが、月になんか人間（人類）は、軟着陸できない。騙《だま》しでやっている「月への人類の再（笑い）到達」（アルテミス計画）など、1969年（アポロ11号）から50年以上経《た》つが無理である。

この私は、『人類の月面着陸は無かったろう論』（徳間書店、2004年刊）の著者であることをお忘れなく。この本をまだ読んでいない人は、アマゾンで探して読みなさい。そのうちドカーンと大騒ぎになります。

私は？

余裕のよっちゃんです（笑）。

最後にもう1本、中国の科学技術に関する記事を載せておく。

「中国、米並み「科技強国」へ　ヒト・カネ戦略投資で3冠」

中国が米国に匹敵する科学技術大国の地位を固めつつある。

文部科学省の研究所が8月9日に公表した「科学技術指標」では、これまで米国しか達成していなかった科学技術論文の量と質に関する3指標で、中国が3冠を達成した。ヒトとカネを戦略的に投じ、2050年までに目指す米国並みの「科技強国」実現へ着々と歩みを進めている。

「科学技術の命脈をしっかりと自らの手中に握り、我が国の成長の独立性と自主性、安全性を絶え間なく高めていく」。習近平（シー・ジンピン）国家主席は6月28日、湖北省武漢《ぶかん》市の半導体関連企業を視察した際、科学技術の競争力向上の重要性を強調した。台湾問題も絡み米中対立が先鋭化する中、習指導部は米国の制裁に影響を受けない独自の経済構造の確立を目指す。その基盤となるのが科学技術力《テクノロジー》だ。

今回、中国は科学技術論文の量と質の3指標で世界首位に立ったことで、自国の宇宙ステーション建設などの大型の科学技術プロジェクトにとどまらず、基礎的な科学研究でも独自の成果を生み出す体制を構築しつつあることが浮き彫りとなった。

脱炭素に向けた重要な基礎技術などでも成果をあげている。例えば安価な新型のペロブスカイト太陽電池では、エネルギー変換効率などの性能で、韓国などと世界首位を競う。各国の科学技術力の分析を手掛ける鈴鹿《すずか》医療科学大学の豊田長康学長は、「トップ論文を連続して出している研究者も増えているので、中国のノーベル賞受賞者はいずれ増えるだろう」と予測する。

中国が科学技術分野で急速な成長を遂げたのは、政府主導で戦略的に資金を出し、人材育成を進めてきたためだ。中国共産党中央と国務院（政府）は16年に発表した科学技術の長期戦略で「2050年までに世界の科技強国になる」ことをめざした。

習指導部は、これまで売上高の拡大を最重視していた中国の国内企業に対して研究開発強化を急ぐように指導。日米中の科学技術政策に詳しい東京大学の合田圭介教授は「スピード競争の科学技術研究では、トップダウンで予算投入や政策を迅速に決められる中国の政治体制が有利に働く面がある」とみる。

資源の集中投下は際立つ。中国の20年の研究開発費は、前年比7・5％増の59兆円と10年で約2・5倍に増えた。米国の研究開発費は72兆円で今も世界首位だが、伸び率の大きい中国が迫りつつある。研究者数では中国が228万人（20年）と2位の米国の159万人（19年）、3位の日本の69万人（2021年）を大きく引き離している。

中国は次に何をめざすのか。

中国政府は2021年3月に定めた25年までの5カ年計画では、欧米に比べて劣勢とみられる人工知能（AI《エィアィ》）、量子情報、半導体、脳科学、遺伝子・バイオテクノロジーなどの強化を掲げた。「中国は、科学より技術を重視しており、ノーベル賞級の大きな発見につながる基礎研究は米国の方が優位」（東大の合田教授）とされてきたが、研究開発費に占める基礎研究費の比率を21年の6・1％から8％以上に引き上げ、加速させる。（中略）

存在感の低下が止まらないのが日本だ。研究開発費や研究者数をみると、米中に次ぐ3位だが近年の伸びは鈍い。特に人材育成には課題が多い。博士号の取得者は、米国や韓国では2000年度、中国は05年度に比べて2倍以上に増えているのに対し、日本は2006年度をピークに減少傾向が続く。合田教授は「内外を問わず優秀な研究者が日本で活躍しやすい研究環境を提供すべきだ」と話す。

日本政府は2021年度から5カ年の「科学技術・イノベーション基本計画」で若手研究者の処遇改善や運用益で大学の研究活動を支える10兆円の大学ファンドなどを進める。しかし、その結果がどう実るかは不透明だ。

（日本経済新聞　2022年8月10日）

ゼロコロナ抗議の「白紙運動」は、反政府活動家あぶり出しの一環

２０２２年11月28日、習近平政権のゼロコロナ政策に反発する抗議活動が、中国の主要都市で突如起きた。アパートや大学の寮（ドミトリー）に、政府命令で閉じ込められていた主に学生たちが騒いだ。

公安警察の車をひっくり返したり、公然と「共産党《ゴンチャンタン》、下台《シアタイ》（退陣）。習近平《シージンピン》、下台《シアタイ》（退陣）！」と掛け声をかけながら、街路で騒乱を起こした。ゼロコロナ政策で都市封鎖《ロックダウン》されていた都市の住民たちの不満が爆発した形である。この抗議は、すぐに警察によって規制され、鎮圧された。

この騒ぎを、１９８９年の天安門事件の再来と呼んで喜ぶ、反《はん》中国のメディアもあった。だが、真相はもっと複雑である。ロイターですら分かっている。

ゼロコロナ政策への抗議運動であぶり出される中国の反体制派たち。ただし、自分たちは煽動されたのだ、とは思っていない

2022年11月28日、北京の街頭でゼロコロナ政策への抗議活動を行った中国人。ほとんどは学生たちであった。彼らも警察に捕まりたくないから、すぐにおとなしくなった。

「中国でコロナ規制抗議拡大、上海では「共産党・習近平退陣」の声」

中国で厳しい新型コロナウイルス規制に対する抗議活動が行われ、11月27日までに首都・北京を含む各都市に拡大、上海では同日夜、数百人のデモ参加者と警察が衝突した。新疆ウイグル自治区のウルムチで発生した火災をきっかけに怒りが渦巻き、中国指導部を非難する声も上がっている。

11月4日にウルムチの高層ビルで起きた火災では、10人が死亡。当局は否定するものの、インターネット上ではビルが部分的にロックダウン（封鎖）されていたため住民が逃げ遅れたとの声が上がり、動画などによると25日夜にはウルムチの路上でロックダウンに抗議するデモが起きた。

上海では11月26日夜、ウルムチにちなんで名付けられた市内の道路に住民が集まり、ろうそくをともす追悼活動が行われたが、27日未明に抗議活動へと発展。大勢の警察が見守る中、群衆は検閲に対する抗議の象徴である白紙の紙を掲げた。

ソーシャルメディアに投稿された動画によると、群衆はその後、「ウルムチ封鎖を解除しろ、新疆封鎖を解除しろ、中国全土の封鎖を解除しろ」と叫んだ。

同日夜までに周辺に数百人が集まり、警察ともみ合いになる人も見られた。

ロイターの記者は、警察が（拘束した）数十人をバスに乗せ、その後、走り去るのを目撃した。

目撃者や動画によると、別の場所では大規模な集団が「中国共産党は退陣しろ、習近平（国家主席）は退陣しろ」と叫び始めた。中国指導部に対する公の抗議活動は異例だ。

北京では11月28日未明、合わせて１０００人以上に上る２つのグループが亮馬河《りょうまか》周辺に集まり、一方のグループは、「マスクは要らない。自由が必要。コロナ検査は要らない。自由が欲しい」と叫んだ。

また、北西部の蘭州《らんしゅう》市では11月26日、住民がコロナ対応要員の仮設テントをひっくり返したり、コロナ検査ブースを壊したりする抗議活動が行われ、投稿が中国のソーシャルメディアで広く共有された。

ソーシャルメディア上の動画によると、南西部の主要都市、成都《せいと》では11月27日、大勢の人が集まって白紙を掲げ、習主席を念頭に「生涯続く支配者は要らない。皇帝は要らない」と声を上げた。

3年前に新型コロナが最初に流行した中部の武漢でも、数百人の住民が路上で金属製のバリケードやコロナ検査所のテントを倒したり、ロックダウンの解除を求めたりして抗議する映像が広がった。

ウルムチ火災の犠牲者のための追悼活動は、南京や北京といった都市の大学でも行われた。ネットユーザーらはソーシャルメディアに白い四角を投稿し、連帯感を示した。11月27日の朝までに、「白紙運動」というハッシュタグは中国版ツイッター「微博（ウェイボ）」でブロックされた。

イェール大学のダン・マッティングリー助教授（政治学）は「党が弾圧に乗り出し、一部デモ参加者が逮捕・起訴される可能性が高い」としつつ、（しかし）1989年の天安門事件のような騒乱にはほど遠いと指摘。「エリート層に分裂がなく、人民解放軍と治安機関が付いているので、彼（習主席）の権力が大きなリスクに直面することはない」と語った。

（ロイター　2022年11月28日）

このように、中国政府のゼロコロナ政策での生活規制に反発した民衆の抗議行動は、数

2022年11月30日、汚れ切った“上海閥”の領袖《りょうしゅう》である江沢民《ジャンツォミン》がこの世を去った。習近平の“反面教師”の師であり、一時期は自分の庇護《ひご》者でもあった目の上のたんこぶが、ひとつ消えた

江沢民の死が報じられると、中国のSNSでは江を「カエルの王様」と称賛する書き込みが相次いだ。見た目がカエルに似ていることから、2010年代からカエルの王というあだ名をネットの民がつけていた。

日で収まった。騒乱は不発に終わった。各都市で捕まった合計数百人の学生たちは、アメリカ政府が組織して動かした者たちだ。

こうして「民主人士」と呼ばれる反政府活動家たちが、あぶり出された。煽動したのは、NED《ネド》（全米民主主義基金）という、アメリカの反《はん》中国の政治組織だ。NEDはアメリカ政府の出資で作られていて、非政府組織（NPO）を装っている。

こういう団体がいくつかある。1960年代の「青年平和活動（Peace Corps《ピースコー》）」というCIAの下部組織であり、日本では穏健な「海外青年協力隊」（外務省のJICAの下）が作られた。世界中で、民主化運動という名の下に行われる、アメリカの策略である。

汚れきった江沢民の死と上海閥の終焉

江沢民《こうたくみん》が11月30日、死去した（96歳）。

なぜ、天安門事件（1989年。六四《ろくよん》。6月4日）の直後、鄧小平《デンシャオピン》が上海の党委書記《とういしょき》（上海トップ）をしていた江沢民を、急に「次はこいつにする。こいつでなければ、中国はうまくやっていけない」と、趙紫陽《ちょうしよう》を無理やり引きずり降ろして失政の責任を取らせて監禁

毛沢東の死(1976年9月)の頃。父の仲勲はまだ政界復帰していないが元気そうである。習近平は鄧小平に父を迫害した恨みを持っていた

習家の集合写真。前列は習仲勲と妻(母)の齊心《さいしん》。後列は左から習近平、習近平の２番目の姉の齊安安《さいあんあん》(1951～)と夫の呉龍《ごりゅう》。

し、江沢民を抜擢《ばってき》したのか。

カネで汚れきった上海人でないと、中国の資本主義的爆発（エクスプロージョン）は続けられない、と考えた鄧小平の慧眼《けいがん》と天才を、私は今も解明しきっていない。

上海人とは何なのか？

上海人は「中国のユダヤ人」とも呼ばれ、他の省の中国人から端的に言って嫌われている。同じ商売優先の広東《カントン》省人への評価ともちょっと違う。

なぜ江沢民を、鄧小平が急に連れ出してきたのか。初めは江沢民は愚直で、鈍重で、満足に演説もできない男だった。

趙紫陽《ちょうしよう》が国家主席（その前は同じく鄧小平の怒りを買って失脚した胡耀邦《こようほう》。彼が共青団派の生みの親）を辞任させられた直後、なんと、天安門広場の隣の人民大会堂に、ひとり立て籠《こも》って（籠城《ろうじょう》だ）1週間、抵抗した男がいる。

それが習近平の父親の習仲勲（当時75歳）である。習仲勲は、この大《だい》騒乱のさ中、鄧小平に向かって、「趙紫陽の次は私が（国家主席を）やる。私にやらせろ。私なら、この学生、労働者たちの騒乱（抗議行動）を何とか抑えてみせる。私にやらせろ」と、叫び続けた。

このあと、困った鄧小平の命令で、習仲勲は幽閉された。決して手荒な、ヒドい目にはあっていない。

鄧小平は、学生たちの排除と鎮圧（無力化）を、楊尚昆《ようしょうこん》（軍を握っていた）と李鵬《りほう》（首相にした）に任せた。

私は、この本で「習近平と習仲勲の親子2代の人生物語」を書こうと思った。それを遠藤誉《ほまれ》女史の近著で大著の『習近平　父を破滅させた鄧小平への復讐』（ビジネス社、2021年3月刊）の詳細で正確な記述を使いながら、この「親子2代」を描こうと思った。この仕事は来年の私の中国本でやります。乞うご期待。

あとがき

私のこの、今年の中国研究本を書き終わって思うこと。

それは、本書の中でも書いたが、私は「習近平と父習仲勲《しゅうちゅうくん》の親子2代の苦難の人生の物語」を書き残したことだ。

それを、遠藤誉《ほまれ》女史の近著で、大著の『習近平 父を破滅させた鄧小平への復讐』（ビジネス社刊、2021年3月刊）の、詳細で正確な記述を使いながら、私はこの「親子2代」を描こうと思った。ところが、これを本書に積み込むと、この本が積載過重《せきさいかじゅう》（overload《オウヴァーロウド》）になってしまうことが分かった。


私は「父習仲勲と息子習近平の親子2代の物語」を書いて、どうしても日本人に、中国共産党の創立以来の100年（1921年から）の真実の大きな全体像を分からせたい。

この仕事は、来年の私の中国本でやります。乞うご期待。

この本を完成させるために、ビジネス社編集部の大森勇輝氏の多大のエネルギーの投入があった。記して感謝します。

私たちは、普通の著者たちのような、読者に甘えきった、上から目線の本づくりはしない。お前たちが書く本はくだらない、つまらない。

私は、この世の本当の真実を、読者（読み手）の脳（頭）に、弾丸をビシッと撃ち込む決意で作っている。

2022年12月

副島隆彦

ホームページ「副島隆彦の学問道場」
http://www.snsi.jp/
ここで私は前途のある、
優秀だが貧しい若者たちを育てています。
会員になって、ご支援ください。

写真提供
アフロ：P25、35、111、119、131、147、179、183、223、227
共同通信社：P89、141、153、157、181

著者略歴
副島隆彦（そえじま・たかひこ）
1953年福岡市生まれ。早稲田大学法学部卒業。外資系銀行員、予備校講師、常葉学園大学教授などを経て、政治思想、法制度論、経済分析、社会時評などの分野で、評論家として活動。副島国家戦略研究所（SNSI）を主宰し、日本初の民間人国家戦略家として、巨大な真実を冷酷に暴く研究、執筆、講演活動を精力的に行っている。『よみがえるロシア帝国』（佐藤優氏との共著）『ディープ・ステイトとの血みどろの戦いを勝ち抜く中国』『アメリカ争乱に動揺しながらも中国の世界支配は進む』（以上、ビジネス社）、『プーチンを罠に嵌め、策略に陥れた英米ディープステイトはウクライナ戦争を第3次世界大戦にする』（秀和システム）、『金融暴落は続く。今こそ金を買いなさい』（祥伝社）、『愛子天皇待望論』（弓立社）など著書多数。

習近平独裁は欧米白人《カバール》を本気で打ち倒す

2023年1月15日　第1版発行

著　者　副島隆彦
発行人　唐津 隆
発行所　株式会社ビジネス社
〒162-0805　東京都新宿区矢来町114番地　神楽坂高橋ビル5階
電話　03(5227)1602（代表）
FAX　03(5227)1603
https://www.business-sha.co.jp

印刷・製本　株式会社光邦
カバーデザイン　大谷昌稔
本文組版　茂呂田剛（M&K）
営業担当　山口健志
編集担当　大森勇輝

ISBN978-4-8284-2477-4

ビジネス社の本

欧米の謀略を打ち破り よみがえるロシア帝国

副島隆彦
佐藤　優
……著

最強の知性がタブーなしで暴く
終わりなきウクライナ戦争の
ウソと真実！

新聞やテレビでは絶対に報じられないウクライナ情勢の真相、欧米、ウクライナ、ロシアの政治経済の状況、日本の対ロシア政策の進むべき道を、大激論で明らかにする！

本書の内容

第1章　安倍元首相を殺したのは同盟国アメリカである
第2章　日本では絶対に報じられないウクライナ戦争の過去・現在・未来
第3章　「必勝の信念」から始まる戦争分析の大きな過ち
第4章　アメリカとイギリスによる戦争犯罪の恐るべき真実
第5章　ウクライナ戦争を乗り越え復活するロシア帝国

定価1650円（税込）
ISBN978-4-8284-2449-1